discorsi

Jörg Auf dem Hövel

# Abenteuer Künstliche Intelligenz

## Auf der Suche nach dem Geist in der Maschine

discorsi

Die Deutsche Bibliothek – CIP-Einheitsaufnahme

Hövel, Jörg / auf dem:
Abenteuer künstliche Intelligenz : auf der Suche nach dem Geist in der Maschine / Jörg auf dem Hövel. – Hamburg : Discorsi-Verl., 2002

ISBN 3-9807330-4-1



Umschlaggestaltung und Satz: Hansisches Druck- und Verlagshaus GmbH, Hamburg
Titelgrafik: M. Miller/Focus
Druck und Bindung: Clausen & Bosse, Leck

Gedruckt auf chlorfrei gebleichtem und säurefreiem, alterungsbeständigem Papier. Die vor Verschmutzung schützende Einschweißfolie aus umweltschonender PE-Folie sowie aufgeklebte Etiketten sind recyclingfähig.

Printed in Germany

# Inhalt

Am Ende hängen wir doch ab
von Kreaturen, die wir machen.

*Mephistopheles in Goethes „Faust. Der Tragödie zweiter Teil"*

# 0. Nullpunkt. Fasten your seatbelts

Denken wir an einen Blinden mit seinem Stock in einer mittelalterlichen Stadt, sagen wir im Jahre 1516 in Augsburg, der sich langsam durch die Gassen tastet. Stellen wir uns nun die Frage: „Wo beginnt das Selbst des Blinden?" Einer seiner Zugänge zur Welt, moderner ausgedrückt: seine taktile Schnittstelle, profaner ausgedrückt: sein Tastsinn, ist durch den Stock verlängert. Nicht dass wir hier einen archaischen Cyborg vor uns haben ist von Interesse, sondern die Grenzziehung eines welterfahrenden Ichs. Wo beginnt der Mann? Am Griff des Stocks? An der Spitze des Stokks oder gar in der Mitte? Gönnen wir dieser Frage etwas Kurzzeitgedächtnis und schieben ihre Beantwortung ein Stück nach hinten.

Wohin kann eine Reise in die Welt der Künstlichen Intelligenz (KI) führen? In dem Moment, in dem diese Zeilen geschrieben werden, sind zwar Fahrkarten und Flugtickets bestellt und einige Etappen ausgewählt, das Ziel aber ist nicht festgelegt. Wohin auch immer die Reise geht, nur ein Fluggerät wird dafür nicht ausreichen. So wird es eine Ballonfahrt über die traditionell bestellten alteuropäischen Denkfelder, ein Doppeldeckerflug zu den Konstrukteuren der Künstlichen Intelligenz. Mit dem Jet ist der Durchbruch der Schallmauer möglich, um den europäisch-amerikanischen Luftraum zu verlassen und Treibstoff im fernöstlichen Raum aufzunehmen. Die Luft sollte nie zu dünn sein, gleichwohl muss der Ausflug in den außerorbitalen Raum gewagt werden, denn aus der cineastischen Zukunft locken die Verheißungen und Angstszenarien. Aus dieser Höhe folgt der freie Fall, der Sturzflug in die Abgründe menschlichen Größenwahns, aber das Fluggerät wird abgefangen und zwar durch das Polster der Einsicht.

Welcher Einsicht? Es soll nicht zu viel verraten werden, aber es sind die Einsichten in die Möglichkeiten und Grenzen einer Disziplin. Es wird zu klären sein, auf welchem historischen Fundament die KI steht, welche ewigen Hoffnungen sie in sich trägt und welchen Aufgaben sie sich zurzeit praktisch widmet.

Noch immer gilt Intelligenz als das Kernkriterium des animalischen und menschlichen Daseins, mehr noch, sie steht in dem Ruf die omnipotente Kraft zur Entschlüsselung der inneren Geheimnisse des Universums zu sein. Die Wissenschaft und Praxis von der Künstlichen Intelligenz ist nicht umsonst so mythisch überfrachtet. Denn sollten die Computer tatsächlich einmal so schlau werden, wie das viele glauben, dann stünde mit ihnen ein Werkzeug zur Verfügung, um allen Problemen der Welt mit geballter Rechenpower zu begegnen. Damit läuft die KI weit über das Ziel einer reinen Wissenschaft hinaus und betritt die Sphäre der großen Fragen. Woher kommt der Mensch, wo steht er und wohin geht er? Die KI hat sich um die Einlösung dieser quasi religiösen Kopfnüsse nie gedrückt, nein, einige Gelehrte meinen noch heute zur Beantwortung der elementaren Fragen der Conditio Humana beitragen zu können. Werden die neuen, schlauen Sklaven sich für uns nur in Schmutz und Schlamm suhlen, oder dienen sie gar als Brückenbauer für unsere nachirdische Existenz?

Intelligenz hat unserer Vorstellung nach in erster Linie was mit Denken zu tun. Denken wiederum wird gerne als „Rechenvorgang im Kopf" interpretiert. Aber ist Denken tatsächlich organisch organisierte Berechnung? Gibt es Grenzen der Berechenbarkeit? Und sind dies die gleichen wie die Grenzen des Denkens? Es wird zu zeigen sein, woher diese Fragen und Annahmen kommen, ob sie stimmig sind und welche Folgen sie bis heute gezeigt haben. Fest steht am Anfang nur, dass der Computer unser Selbstbild schon heute maßgeblich beeinflusst – ein

Prozess, der sich in naher Zukunft sicher noch verstärken wird. KI, das ist nicht nur der Bau intelligenter Maschinen, das ist auch das Anwachsen der Verstrickung von Mensch und Maschine. Teil dieser Tour de Technique wird sein, diesen materiellen und ideellen Verstrickungen nachzuspüren.

Zunächst: Der Forschungszweig der Künstlichen Intelligenz hat in den letzten 15 Jahren das vorgenommen, was so gerne mit dem Begriff „Paradigmenwechsel" beschrieben wird. Es ist eine kurzweilige und bislang kaum erörterte Tatsache, dass die Wissenschaft von der KI eine dramatische Wende vollzogen hat. Um es kurz anzureißen: Die klassische KI bewegt sich auf den strikten Pfaden einer eingekapselten Recheneinheit. Ob Schachprogramm oder Industrieroboter, die Umwelt spielt für die Handlungsweise eines Programms keine Rolle, es zieht sein Ding durch, um es mal einfach auszudrücken. Die Kunst der Intelligenz entsteht dann im Auge des Betrachters – oder auch nicht. Es brauchte lange, bis die Ergebnisse aus der Biologie und den Neurowissenschaften zu den KI-Entwicklern durchdrangen: Natürliche Intelligenz funktioniert so nicht, dumm ist, wer sich immer gleich verhält. Und noch eine Einsicht setzte sich langsam durch – alles, was uns als Intelligenz begegnet, sitzt in einem Körper. Und dieser Körper dient nicht nur als Träger für das Hirn, er selbst besitzt Fähigkeiten und eine Fassungskraft, die maßgeblich am Zustandekommen von intelligentem Verhalten beteiligt sind. Das Mantra des neuen Jahrtausends: Intelligenz ist nicht nur die Leistung eines Gehirns, sondern entsteht zusammen mit einem Körper und dessen Interaktion mit der Umwelt. Diese Verkörperungsthese ist vielleicht der Markstein zum Bau schlauer Roboter: KI Version 2.0.

Um diese Praxis der modernen KI konkret zu erfahren, führt die Wallfahrt ins Mekka der Fußball-Roboter. Roboter werden hier bewusst emotionslos als „sensomotorische Maschinen zur Erweiterung der menschlichen Handlungsfähigkeit"[1] betrachtet.

[1] Christaller 2001, S. 19

Intelligenz, so die Hoffnung der Forscher, ist kein monolithischer Block, keine unteilbare Einheit, sondern die Summe vieler einzelner Fähigkeiten. Ergo will man zunächst einfache Verhaltenselemente generieren, die für sich dumm, zusammengeführt aber verdammt klug werden sollen. Kann das klappen?

## Kurzzeitgedächtnis <Enter>

Definitionen zeichnen Unterschiede, wo vielleicht keine sind. Nun soll das Selbst des Blinden nicht schizophren aufgelöst werden, es sei aber darauf hingewiesen, dass die Markierung der Grenze des Blinden als Durchtrennung eines Kreislaufes angesehen werden kann, in welchen der Mann eingebunden ist. Betrachtet man den Stock als Weg, auf dem Informationen, genauer gesagt: Signale übermittelt werden, die während ihres Weges eine Transformation durchmachen, dann bedeutet eine Grenzlinie durch diesen Weg zu ziehen, einen Teil des Kreislaufes abzuschneiden, der die Fortbewegung des Blinden bestimmt. Ob Alge, Stichling, Fischreiher oder Dosenbier trinkender Angler – alle diese Wesen sind nur ein Bogen eines größeren Kreislaufs, der immer eine Umwelt einschließt. Die für die folgenden Erkundungen der KI-Prärie interessante Frage ist, ob dies auch für tote Materie, mithin für Computer gilt?

Beantwortet man diese Frage mit Ja, dann ändern sich Perspektive und Beurteilung von Künstlicher Intelligenz. Zu der Funktion einer technischen Einheit tritt ihr systemischer Zusammenhang, ihre Eingebundenheit in eine menschliche und naturgegebene Umwelt. So lässt sich neben technischer Erwägung die soziale Komponente künstlicher Intelligenzen neu erfassen. Die Frage, ob ein System intelligent ist, knüpft sich dann nicht allein an das Erfüllen von komplexen Aufgaben, an die erstaunliche Überwindung hirnakrobatischer Parcours oder an die Lösung der Weltformel, sondern auch an das Ausmaß der Bindungsfähigkeit zu Menschen und Natur.

Genau das Fehlen dieser Anbindung wird der KI immer wieder vorgeworfen. Seit Beginn des Einzugs der Computer in die Welt weisen die Warner und Mahner darauf hin, dass die Rechenknechte – wie wohl jedes Werkzeug – ein mächtiges Missbrauchs-Potential in sich tragen, mehr noch, den Menschen von sich selbst entfernen. Angst vor dem technischen Fortschritt ist nicht neu, und trennscharf zwischen dem Maschinenstürmer-Blues und der berechtigten Sorge um das soziale Gemeinwesen zu unterscheiden – auch das soll Aufgabe der folgenden Reise sein. Darum führt sie immer wieder zurück in die Zeit, dorthin, wo die Gedanken der übernatürlichen Reproduktion menschlicher Leistungen als Idee entstanden. Durch die Literatur der westlichen Hemisphäre geistert der künstliche Mensch omnipräsent bis zu den Bild gewordenen Worten heutiger Science-Fiction-Filme und -Comics. Welche Rollen spielen die erschaffenen Lebensform in den Entwürfen von damals und heute? Lassen sich gemeinsame Blaupausen finden, die zwischen den Zeilen und hinter den Bildern wirken? Wie weit wird die Berechenbarkeit des Geistes, die Berechenbarkeit der Natur getrieben? Und was davon ist in den Sphären der harten Wissenschaft gelandet?

Vater der KI war zweifelsohne eine rationalistische Philosophie, Mutter der elektronische Schaltkreis, die Geburt kann man auf das Jahr 1956 datieren, die Nachwehen lassen Sprachwissenschaft, Philosophie, Psychologie und Soziologie noch heute erbeben. Von der mechanischen Frühgeschichte der KI, die sich irgendwo zwischen Raimundus Lullus und Gottfried Wilhelm Leibniz ansiedeln lässt, über die Zeiten der elektronisch basierten KI des 20. Jahrhunderts bis zu den heutigen digitalen Evangelisten: Es ist ein Muster der Motivation für den Bau schlauer Maschinen erkennbar. Es ist nie allein die Lust auf das Funktionieren, oder gar nur die profane Zielerreichung, welche die elitären Geistesgrößen zu ihren Leistungen trieb. Diese Motivationen zu erkennen, sei es bei den historischen Vorbildern oder den modernen Wissenschaftlern, ist eine weitere Aufgabe dieser Exkursion.

Erst am Ende der Reise darf dann die Frage gestellt werden, ob es Bereiche gibt, die den Maschinen, mögen sie auch noch so schlau sein, für immer verschlossen sein werden. Profan ausgedrückt: Existiert ein Wesenszug, den eine Maschine nie wird haben können? Gute Frage, was? Aber genug der einleitenden Worte. Wer im Zapping-Zeitalter Lust auf einen längeren Text hat, dem darf kein harter Brotknust vorgesetzt werden. Have a good trip!

Die Kleidung nicht während
des Tragens bügeln.

*Auf der Verpackung eines deutschen
Marken-Bügeleisens*

# 1. Wer erklärt wen für dumm?

Wo liegst du, Tempel der logischen Glückseligkeit, Hort der geballten Intelligenz? Gibt es dich überhaupt, Omega-Punkt des reinen Intellekts? Wer es zumindest wissen müsste, sind die Mitglieder des Mensa-Clubs e.V. Diese Gilde vereint die klügsten Köpfe der Welt, immer wieder betonend, dass sie natürlich kein elitärer Zirkel seien, vielmehr ein Club von schlauen Menschen mit Lust am Knobeln – und Kartfahren. Ja, richtig gehört, zumindest steht auf der Webseite des Vereins unter Aktivitäten, neben der DVD-Nacht mit „Toy Story I“, auch „Di., 11. Dez., 19.30 h, Kart fahren“. Nicht schlecht, aber erquicklicher erscheint der monatliche Stammtisch in der legendären Popper-Kaschemme „Vamps“. Hier bei den Jüngern des Supra-Hirns hoffe ich auf den lodernden Scheiterhaufen, der die Hexen der Dummheit ihrer gerechten Strafe zuführt.

Das Erscheinen eines Fremdlings irritiert die Männer und Frauen sichtlich, erst später erfahre ich, dass man als „Mensaner“ einen dreistündigen Eignungstest durchlaufen muss, um hier am Stammtisch sitzen zu dürfen. Hm, natürlich wäre es taktisch klüger gewesen, sich zumindest anzumelden, aber wäre es nicht ein Zeichen ihrer Intelligenz, einen Gast freundlich zu empfangen? Auf die Frage, was denn Intelligenz aus ihrer Sicht sei, fallen zunächst Schlagworte: „Abstraktionsfähigkeit“, „Generalisierung“, „logisches Schließen“, „Mustererkennung“. Der Runde macht die Selbstreflexion sichtlich Spaß, es purzeln Sprüche: „Der Kluge hat den Vorteil, sich dumm stellen zu können, umgekehrt ist es schwierig." Auch „Kreativität" wird mehrfach genannt, und daraufhin fällt das Stichwort der emotionalen Intelligenz. Dieses Modewort in Verkaufsschulseminaren ruft Unruhe an den Tisch. Es kommt letztlich aber nur die Kellnerin.

Schnell ist zu erkennen, dass bei diesen Menschen die Rationalität der Handlung im Vordergrund einer Definition von Intelligenz steht. Während sich die eine Fraktion am Tisch dem Go-Spiel zuwendet, berichten die zwei Leute neben mir etwas genauer von ihrer Erfahrung mit Intelligenz. Dörte[2] beispielsweise konnte schon lesen, bevor sie eingeschult wurde, später studierte sie Jura. „Meine Intelligenz hat mir bei der Gesetzesauslegung sehr geholfen", erzählt sie. Ob ein normierter Tatbestand auf einen zu lösenden Fall zutrifft, das sei, so Dörte, in erster Linie eine Generalisierungsleistung. Sie spricht von ihrer Stärke im Syllogismus und ich erinnere mich: Wenn A = B und B = C, dann ist ebenfalls A = C. Und die Gemeinsamkeiten der Mensaner? Was treibt sie zusammen? Beide waren vor ein paar Jahren in die Großstadt gezogen und suchten Gleichgesinnte. Frank, Wirtschaftsingenieur mit einem IQ von 160, überlegt und schaut in die Runde. „Zudem sind wir alle vielseitig interessiert", und Dörte ergänzt: „Außerdem extrem neugierig". Nach der dritten Apfelschorle läuft das Gespräch flüssig. Ja, geben die beiden zu, ihre nachgewiesene Intelligenz habe nicht nur Vorteile. So würde ihnen oft mit Misstrauen und Neid begegnet. Viel gravierender sei aber die Einsicht, dass ihre rationale Cleverness ihnen oft im Wege stehe. Wann, will ich wissen. „Eigentlich immer dann, wenn es um Gruppensituationen geht", sagt Dörte. „Sobald man in soziale Situationen tritt, hilft einem die rationale Betrachtungsweise nicht weiter, sie behindert vielmehr. Menschen sind halt nicht berechenbar." Frank ergänzt: „Meine Freunde werfen mir manchmal vor, dass meine Sachlichkeit kalt wirkt."

Intelligenz ist, so spinnen wir weiter, immer auch historisch und kulturell bedingt. So gehörte früher zu einem intelligenten

[2] Die Namen der Mensaner sind geändert.

Menschen durchaus die Fähigkeit, ein Gedicht zu schreiben. Andere Kulturen würden, so Frank, viel weniger Wert auf Intelligenz legen. Und Intelligenztests wären ohnehin zu sehr auf die westliche Kultur zugeschnitten. Je länger der Abend dauert, desto fragwürdiger scheint das Konzept von Intelligenz bei den Trägern derselben zu werden. „Der Gründungsgedanke von Mensa", so urteilt Dörte, „hat sich ohnehin als naiv herausgestellt." Die Idee, man müsse nur das Wissen aller intelligenten Menschen zusammentragen, um die Probleme der Menschheit zu lösen, sei gescheitert.

Was bleibt vom Abend? Eine Spur Größenwahn gehört schon dazu, sich selbst für intelligent zu halten. Seine Spielkameraden allerdings danach auszusuchen, ob sie zügig die Wurzel aus 196 ziehen können, würde mir nie einfallen. Intelligenz, so wird deutlich, hat hier auf alle Fälle was mit Kopfarbeit zu tun. Es ist die Fähigkeit, die Muster im Chaos zu erkennen, ein Netz des Wissens über das Gewusel der Wirklichkeit zu werfen. Der nüchterne Verstand, so ihre Prämisse, ist am besten in der Lage, Aufgaben des Alltags, aber auch komplexe Problemlagen zu lösen. Hier trinkt man halt Apfelschorle.

Aber ist Intelligenz allein eine rationale Leistung? 3000 Jahre abendländische Kultur legen diese Sicht nahe. Und damit ist der Eingang zum Labyrinth aus Definitionen, Aus- und Einschlüssen bereits durchschritten.

Klugheit stellt zunächst eine Würdigung dar, der oder die Intelligente fühlt den zarten Pinsel der Streicheleinheit auf dem Bauch. Damit beschreibt Intelligenz den Stellenwert eines Menschen in der Gesellschaft. Das Intelligente ist meist moralisch integer, nur die Söhne des Dunklen tragen in sich die teuflische Raffinesse. Anständige Intelligenz ist wachsam, gewitzt, vielleicht noch verschmitzt, auf alle Fälle aber geistreich. Böse Intelligenz ist hinterlistig, verschlagen, gewieft und auf jeden Fall tückisch. Die Wortwahl zeigt die Verbundenheit der Intelligenz mit Macht und den Mächtigen. Diesen Oberhäuptern, die ihr erlesenes Hirn über der gemeinen Masse tragen, ist die Klugheit ohnehin von

Gott in die Wiege gelegt worden. Nicht Wissen ist Macht, sondern Macht macht Wissen.

Eine Definition von Intelligenz ist von ihrem Anwendungsgebiet abhängig. In der Biologie ist es die Fähigkeit des Individuums zu überleben, in der Physik wird der Organisationsgrad spezieller Moleküle für das Vorhandensein von Intelligenz vorausgesetzt. Die Sozialwissenschaft zielt eher auf den Begriff der kollektiven Intelligenz, während die Informatik mit abstrakten „Ordnungsgraden von Wissen" operiert.

Damit gelangt man zum Ursprung der Intelligenz. Einen historischen Wimpernschlag entfernt schien der Gedanke einer uns immanenten Kraft der Gescheitheit abstrus, war es doch der göttliche Atem, der uns Würmern den Geist einhauchte. Am Anfang des 21. Jahrhunderts scheint (Gott sei Dank?) klarer denn je, woher die Schlauheit kommt: Bei Mensch und Tier geben die Gene das Muster vor, nach dem Zur-Welt-Kommen bestimmt die Umwelt den weiteren Gang. Von der Zeit weggespült ist ebenfalls die Ansicht, dass nur Menschen intelligent sein können. Der Unterschied zwischen Mensch und Tier wurde oft am Begriff der Intelligenz festgemacht. Das Wort „intelligentia" meint Einsicht, Verstand, Vorstellung. Die Introspektion hat einen gewichtigen Vorteil: Man kann ein Problem vor einem inneren Auge betrachten, es sogar drehen und wenden. Diesen inneren Blick wollte man nur der Krone der Schöpfung zugestehen. Heute weiß man zwar nicht, ob ein Schimpanse einen Kubus als internes Bild drehen kann, fest steht aber, dass viele Tiere nicht nur nach Plan vorgehen, sondern ihre Pläne auch sich ändernden Umständen anpassen können. Ist das intelligent?

Bevor dies beantwortet wird, sei auf einen anderen Standpunkt hingewiesen, der sich am Eingang des neuen Jahrtausends in Auflösung befindet: Der Kopf galt seit der Antike als der heilige Ort, welcher unser Leben steuert. Die Zentrale der Macht des Menschen, seine Bewusstheit, sein Intellekt, sein Ich – all das sollte diese feuchte, graue Masse beherbergen. Der Körper diente als fügsamer Träger dieses Geistes. Christliche Dogmen der Sündhaftigkeit des Fleisches, später ein cartesianischer Dualismus, der Körper und Geist als vollkommen getrennte Sphären zu erkennen glaubte, verfestigten dieses Bild. Gespürt hatten es schon viele Menschen vorher, dass dies nur die halbe Wahrheit sein kann, philosophisch war es bezweifelt worden, ironischerweise war es aber die rasende Entwicklung der bildspendenden Computertechnologie, die dieses Sichtweise in den letzten Jahren widerlegte.

Wer entscheidet nun, wer dumm ist? Bevor der Mensch sich aufschwingen konnte, dies zu beurteilen, sortierte zunächst einmal die Natur die Dummen von den Einäugigen. Es gehört eine Portion intelligentes Verhalten dazu, in einer sich ändernden, dynamischen Umwelt zu überleben. Die humanoide Spezies hat das mittlerweile eine gewisse Zeit auf die Reihe bekommen und setzt nun ihre Maßstäbe für andere Wesen an. Die Anpassung an die Umwelt, ein Kernkriterium für Überleben, wurde schnell in den Bereich der Instinkte verwiesen. Als intelligent gilt heute, das zeigen die Mensaner deutlich, was den Verstand, lat. ratio, zum kontrollierten Einsatz bringt.

Eng mit dem rationalen Verstand verknüpft ist die Fähigkeit zur Logik. Verarbeitung von Bildern und Zeichen, die als Stellvertreter für den realen Gegenstand auftreten. Als die Menschen anfingen, die Dinge in ihrer Umwelt zu kategorisieren, führten sie die Symbole ein. A, B, C sind Symbole des Alphabets. Fasst man Gruppen von solchen Symbolen zusammen, lässt sich durch logisches Operieren damit Erstaunliches leisten. Das kennen und lieben wir alle aus dem Dreisatz in der Schule, und jedes intelligente System sollte darauf kommen, dass aus zwei Informationseinheiten eine dritte folgen kann: Wenn Politiker A weniger wiegbare Hirnmasse als Politiker B hat, und Politiker B weniger Hirnmasse als Politiker C, dann muss klar sein, dass Politiker A weniger Hirnmasse als Politiker C hat. In Symbole übersetzt: A < B und B < C = A < C.

Dies ist das klassische Beispiel für rationale Intelligenz und es wird hier erwähnt, weil diese Symbolverarbeitung lange Zeit die Grundlage schlechthin für die Wissenschaft von der Künstlichen

Intelligenz bildete. Warum? Weil ein Computer nach den obigen Regeln funktioniert. Aber bleiben wir noch kurz bei der menschlichen Intelligenz.

Experten wissen, was gilt, und so fragte 1921 das Journal of Educational Psychology 14 Experten auf dem Gebiet humanoider Schlauheit nach einer Definition des Wortes Intelligenz. Nicht ganz unerwartet kamen 14 verschiedene Antworten zurück.[3] Terman nannte abstraktes Denken, Colvin sprach von der Fähigkeit, sich durch lernen an die Umwelt anzupassen, Peterson nannte Intelligenz einen biologischen Mechanismus, der verschiedene Stimuli beurteilen und daraus Handlungen ableiten kann, Dearborn wies auf die Anlage hin, von Erfahrungen zu profitieren. Die Diversifizierung hat sich seit den 20er Jahren des vergangenen Jahrhunderts eher noch fortgesetzt, als dass es gelungen wäre, zu einer einheitlichen Definition von Intelligenz zu kommen. Weit verbreitet ist heute die Ansicht von William Stern, der die Intelligenz als Fähigkeit beschreibt, Schwierigkeiten in neuen Situationen zu überwinden. Selbiger Mann erdachte den unsäglichen Intelligenzquotienten, IQ, der weniger zur Klarheit als zur Vernebelung der Beschaffenheit des Menschen geführt hat. Alle Ansätze zur Messung von Intelligenz sind zirkulär: Das, was Intelligenztests messen, ist intelligent.

In einem Intelligenztest taucht folgende Frage auf:

Wenn ein Nachtwächter am Tag stirbt, bekommt er dann Rente?

Das ist natürlich ein Scherz, aber so mancher Proband dürfte sich tatsächlich in dem Nacht-Tag-Wortspiel verbissen haben, ohne zu bemerken, dass ein Toter keine Rente mehr erhalten kann. Personen sind schon damit in die Irre zu führen, dass sie glauben, an einem ernsthaften Test teilzunehmen, eigentlich aber nur für dumm verkauft werden sollen.

Grundehrlich ist dagegen die folgende Aufgabe gemeint. Besonders klug muss man dafür nicht sein, nur die Fähigkeit zu zählen ist erforderlich. Die Frage lautet:

3 Siehe Pfeiffer/Scheier 1999, S. 6.

Wie viele „F“ kommen im folgenden Text vor?
FINISHED FILES ARE THE RESULT
OF YEARS OF SCIENTIFIC STUDY
COMBINED WITH THE
EXPERIENCE OF YEARS

Na? Drei? Oder vier? Falsch! Bitte noch mal lesen. Na? Aus bisher unklaren Gründen sind die meisten Menschen nicht in der Lage, das F in der Buchstabenkombination OF zu erkennen. Ziemlich beschränkt, oder?

Die Eindampfung eines Phänomens auf eine Nummer ist zwar Traum der Mathematiker, verbietet sich aber mit steigender Komplexität des Sachverhalts. Heute beschränkt man sich darauf, multiple Intelligenzen zu entdecken – und es werden immer mehr. Linguistische Intelligenz, musikalische Intelligenz, logisch-mathematische Intelligenz, räumliche Intelligenz, die Intelligenz der Körperbewegung und nicht zuletzt die empathische Intelligenz, welche die Stimmungen anderer Menschen erfassen kann. Das Spiel der Ein-Satz-Erklärung braucht also an dieser Stelle nicht fortgesetzt zu werden, denn auch in der Wissenschaft ist die Suche nach der Definition von Intelligenz ergebnislos abgebrochen worden. Offenbar besteht dafür keine dringende Notwendigkeit.

Belassen wir es vorerst dabei. Ein weiteres Ziehen von Demarkationslinien würde das fruchtbare Feld der KI zu sehr einschränken. Im Laufe des Buches werden wir immer wieder die Frage stellen, ob ein gewisses Verhalten als intelligent bezeichnet werden darf. Bevor die Frage nach der Künstlichen Intelligenz gestellt wird, muss aber auf zwei Faktoren hingewiesen werden, welche die Beurteilung von Intelligenz beeinflussen – Emergenz und Animismus.

## Hat das Ganze mehr Seele als seine Teile?

Eine Frage: Wann ist das Ganze mehr als seine Teile? Nun, immer dann, wenn man zur Beschreibung des Ganzen einen neuen Begriff braucht, weil eine Qualität existiert. Als Beispiel: Die Atome und Moleküle, aus denen auch der Mensch besteht, sind per se dumm, aus ihrem Zusammenspiel ergibt sich aber das faszinierende Phänomen der Intelligenz des Menschen. Verschiedene Beschreibungsebenen implizieren demnach völlig unterschiedliche Begriffe, um einer Beobachtung gerecht zu werden. Dem Status eines verliebten Pärchens wird man auf nur einer Ebene gerecht, wenn man behauptet, dass ihre Liebe nur eine bestimmte Konzentration unterschiedlicher Hormone in ihren Körpern sei. Noch einmal anders drücken es Helge Ritter und Holk Cruse aus: „Das Wissen über die genaue chemische Zusammensetzung der Druckerschwärze dieser Buchstaben hilft nicht beim Verständnis des Satzes.“[4]

Die spannende Frage ist nun, ob auch elektronische Systeme emergente Eigenschaften entwickeln können. Einige KI-Forscher sind überzeugt davon und sie vermuten, dass viele oder gar alle der so genannten intelligenten Eigenschaften sich als Eigenschaften von Systemen ergeben könnten, die aus einfachen, für sich gesehen „dummen“ Elementen bestehen. Denken sie beispielsweise an ein Computerprogramm, welches ein hüpfendes Strichmännchen auf dem Bildschirm zeigt. Dieses Programm besteht auf der untersten Ebene nur aus Einsen und Nullen. Dieser Binärcode wird allerdings in einer höheren Programmiersprache angelegt, wie beispielsweise C++. Komplexe Programmteile können danach in Objekten zusammengefasst werden.

Dies zeigt, dass ein und dasselbe Phänomen auf unterschiedlichen Ebenen beschrieben werden kann. Das Schöne an der Emergenz: Verhalten, welches kompliziert aussieht, beruht oft auf einfachen Einheiten und lässt sich einfach erklären. Das Fatale an der Emergenz: Es ist sehr schwierig, oft sogar unmöglich, aus einem Verhalten, sei es nun menschlich, tierisch oder maschinell, auf die zugrunde liegenden Mechanismen zurückzuschließen. Umgekehrt ist es relativ einfach, wenn die Mechanismen bekannt sind, das Verhalten zu erklären.

4 Cruse/Ritter 2001, S.15.

In der Praxis führt das dazu, einem Wesen nur solange Intelligenz zuschreiben zu wollen, solange man die im Hintergrund werkelnden Grundeinheiten nicht kennt. Werden sie erforscht, neigt man der Aussage zu, dieses Verhalten als unintelligent zu bezeichnen. Auch diesem Phänomen werden wir im Laufe des Buches noch öfter begegnen.

Neben Emergenz ist es der so genannte Animismus, die Beseelung der Dinge, welcher die Einordnung von Intelligenz zum Problem macht. Jean Piaget hat sich zeitlebens dagegen ausgesprochen, Kindern zu schnell die Beseelung ihrer leblosen Umwelt abzugewöhnen. Wo diese, Animismus genannte Eigenschaft, die Adoleszenz vielleicht noch fördert, soll sie die klare Sicht auf die Trivialität der Wahrheit behindern. So zumindest die Einschätzung der Experten, die nicht müde werden darauf hinzuweisen, dass die Beseelung technischer Gegenstände einer objektiven Betrachtung nicht Stand hält. Gleichwohl ist Techno-Animismus in allen Kulturen, Geschlechtern und Altersklassen weit verbreitet: Batteriebetriebene Spielzeugpuppen erhalten modische Frisuren, Armaturenbrettern werden Streicheleinheiten verpasst, damit der Wagen anspringt, Computer sind verbalen Liebkosungen ausgesetzt, damit sie Abstürze ins Datennirwana unterlassen. Nicht nur die Tamagotchi-Industrie setzt auf diesen Trieb; Autokauf ist heute mehr denn je eine Sache der empathischen Emotion, der Verbindung des Fahrers mit dem Objekt der Begierde. Bei der Einschätzung intelligenten Verhaltens aber, so die herrschende Lehre, behindert der Animismus die klare Sicht auf die Wahrheit. Wie wir sehen werden, wirkt er gleichwohl als untergründige Konstante bei der Konstruktion der Aufgaben und Ziele der KI. Genug der einführenden Worte der Schlauheit. Fragen wir uns zunächst, wie es zu dem Schlagwort „Künstliche Intelligenz“ kam.

Das Herz hat seine Gründe,
die der Verstand überhaupt nicht kennt.

*Blaise Pascal*

# 2. Erste Zwischenlandung: schachmatt!

Ein Prozessorlüfter summt im Hintergrund, ich erzähle folgende Geschichte: „Einmal im Jahr treffen wir uns zum Schachspielen. Wir, das sind alte Schulfreunde, einige der Jungs kenne ich seit 30 Jahren, und unsere Freundschaften haben die Zeit überstanden. Wir haben ein überdimensionales Schachbrett dabei, etwa 1,50 Meter im Quadrat groß. Der Witz ist, dass die Schachfiguren aus unterschiedlichen Gläsern bestehen, die mit Alkohol gefüllt sind. Die Bauern sind kleine Korngläser, die Türme sind Viertelliter-Bierhumpen, die Dame ist ein neckischer Sekt und der König ist ein Whiskey."

So recht scheint meinem Gegenüber die Story nicht zu schmecken, obwohl er als passionierter Schachspieler sicher ahnt, worauf dieser pubertäre Schlagabtausch hinauslaufen wird. Kein Lächeln, keine Reaktion, er fragt nicht nach Läufer und Springer. Ich erzähle weiter: „Wir spielen vier Minuten Blitzpartien. Schlägt man eine gegnerische Figur, so muss sie getrunken werden – erst dann darf die Uhr betätigt werden. Sie können sich vorstellen, in was für einem Chaos das nach spätestens der zweiten Partie endet. Vor allem dann, wenn Partien bis ins Endspiel geführt werden. Was für ein Spaß …"

Da, ein leichtes Lächeln, was aber ehrlicherweise als „müde" bezeichnet werden muss. Ich sitze einem Interviewpartner gegenüber und fabuliere. Bin ich zu frech? So einfach gebe ich mich aber nicht geschlagen, schließlich sind wir seit Jahren von der Substanz des Turniers überzeugt. „Wer hier gewinnen will, muss Sinn und Unsinn beherrschen. Strenges Denken und hochkonzentrierte Phasen wechseln mit albernen und vertrauensseligen Passagen, Geistreiches und Einfalt gehen stets Hand in Hand. Rausch und Genialität, verstehen Sie? Der Verstand immer auf Sieg gepolt, aber die entrückende Wirkung des Alkohols verführt allzu oft zu waghalsigen Angriffen. Was eben noch wie eine geniale Möglichkeit der Zugkombination aussah, verschwimmt plötzlich im Meer der Unwägbarkeiten. Witzig, nicht?"

Eher nicht. Frederic Friedel jedenfalls, Freund von Garry Kasparov, Herausgeber der Zeitschrift „Computerschach", Mitentwickler der Datenbank Chessbase und des bärenstarken Schachprogramms „Fritz" und damit einer der Experten auf dem Gebiet des Schachsports – dieser Mann ist gelangweilt. Es scheint sinnvoll, ihm den Rest der Chronik zu ersparen, obwohl der Höhepunkt noch nicht erzählt ist: Frank Tiedt nämlich brachte während des Endspiels im Turnier 1997 den bis dahin als unschlagbar geltenden Frank Toscha in eine ungeordnete Stellung und in der ohnehin löchrigen Verteidigungslinie klaffte eine Lücke mit direkter Durchbruchsmöglichkeit zum König. Tiedt, der sein Glück kaum fassen konnte, geriet dermaßen in Wallung über den bevorstehenden Sieg, dass ihm speiübel wurde. Dem Drang der Entleerung nachgebend stürmte er aufs Klo, ich folgte mit der Schachuhr in der Hand und gab ihm zwischen dem hallenden Geröchel die Zeitstände durch, „noch 50 Sekunden, noch 40 Sekunden…".Aber Tiedt wusste: Der König musste noch gefällt werden. Schier übermenschliche Kräfte ließen ihn zum Tisch zurückwanken, er stürzte den Whiskey die Kehle hinunter, drükkte genau acht Sekunden vor Ende der Partie die Uhr und schrie sein seitdem legendäres „Schattmach" über den Tisch; dann fiel er nach hinten um.

Dieses Ereignis spätpubertärer Verblödung fand im selben Jahr statt, in welchem zum ersten Mal in der heroischen Geschichte des Schachsports ein Rechner den weltbesten Schachspieler in einem Turnier vom Brett fegte. Und eben dieser Frederic Friedel, der mir in seinem kargen Büro gegenübersitzt, erlebte als Sekundant das traumatische Erlebnis an der Seite von Kasparov mit. Friedel, ein sachlicher Typ, der sonst gerne von „logischen Brüchen" und „computerbasierten Lösungen" spricht, schaut in die Ferne und spricht mit gesenkter Stimme weiter: „Es war furchtbar, was ihm da wiederfahren ist." Dabei hatte es eine Zeit lang gar nicht schlecht ausgesehen für Kasparov im Kampf Mensch vs. Maschine. Die erste Partie hatte Kasparov grandios gewonnen, in der zweiten Partie bot die georgische der künstlichen Intelligenzbestie ein Bauernopfer an, das schändlich verschmähte wurde. Ungewöhnlich, denn im Normalfall sind Rechner schlaglustig. Um diesen strategisch-pragmatischen Zug ranken sich seither Mythen, die vor allem von Kasparov gehegt und gepflegt werden. Seine Vermutung: Der Zug wurde von einem Menschen ausgeführt, ein Vorwurf, der von IBM vehement bestritten wurde und auch nie bewiesen werden konnte. Die härtere Nuss ist ohnehin wohl, dass Friedel zusammen mit dem Schachprogramm Fritz noch in der folgenden Nacht entdeckte, dass Kasparov trotz des gewitzten Zuges von Deep Blue hätte Remis halten können. „Das hat Kasparov zusätzlich tief erschüttert", erinnert sich Friedel.

Das historische Turnier lebte ohnehin weniger von genialen Zügen als vielmehr von der Spannung, ob Kasparov die Ehre der Menschheit würde retten können. Und „Big Blue", wie IBM gerne respektvoll genannt wird, unternahm alles, um genau dies zu verhindern. Seit der Erfindung des Computerschachs hatte es viele Schachspiele Fleisch- vs. Chipmaschine gegeben, aber dieses Mal nahmen die IBM-Zaren das Spiel ernst – sehr ernst. Schon ein Jahr zuvor, 1996, hatte Deep Blue gegen Kasparov vier zu zwei verloren. Innerhalb eines Jahres verdoppelte IBM die Taktfrequenz des Rechners, Großmeister hatten Tipps zur positionellen Verfeinerung gegeben und zum Rückkampf trat die Maschine mit der Fähigkeit an, im Durchschnitt 200 Millionen Stellungen pro Sekunde durchrechnen zu können.

Das allein reichte IBM nicht aus, und so setzte man auf die Psychologie der Maschine, die darin bestand, weitgehend unsichtbar zu bleiben. Kasparov wusste wenig über den neuen Super-Rechner, zudem hatte er keine einzige Partie erhalten. Damit war ihm das Grundwerkzeug der Vorbereitung auf ein Match genommen – das Studium des Gegners. Während der Turniertage in New York durfte sein Team die Maschine nicht sehen, man durfte sogar nicht einmal in die Nähe des Raumes kommen, in welchem Deep Blue stand. Ob bewusst eingesetzt oder nicht: Wenig zehrt so sehr an den Nerven wie ein unsichtbarer Gegner, dessen Stärke aus dem Nichts kommt. Friedel ist noch heute von der „sehr feindseligen Atmosphäre" beeindruckt. Der dünnhäutige Kasparov, den Friedel „sehr misstrauisch" nennt, startete emotional aufgewühlt in die Partien. Heute ist klar, dass Kasparov das Turnier mindestens aus zwei Gründen verloren hat. Zum einen spiegelte Deep Blue den modernsten Stand der Technik wider, zum anderen, und das war wohl das schlagende Manko, war Kasparov nicht in der Lage, seine Intelligenz zur Verarbeitung seiner Emotionen einzusetzen.

Hätte Kasparov ebenso gut gekühlt die Schritte seines Gegners berechnet wie dieser seine, hätte Kasparov seinen messerscharfen Verstand nur auf die nächsten Züge konzentriert, anstatt der Außergewöhnlichkeit des letzten Zuges nachzusinnen, hätte er seinen Ärger mit einem Schluck Wasser runtergespült, dann hätte er für einige Jahre auf dem wohligen Kissen sitzen können, welches den Schachthron so kommod macht. Hätte, hätte, hätte, hat er aber nicht! Das Biest aus Baku, die vermeintliche Denkmaschine, scheiterte an einer Grundeigenschaft des Menschen – Gefühl. Banal, oder? Gefühle, das macht sie so sympathisch, sind erst mal weder richtig noch falsch, sondern nur da. Untrennbar mit uns verbunden, führt ihre Leugnung zunächst zu Begründungsnotständen, später sicher zu emotionaler Austrocknung. Aber, so kann im Anschluss gefragt werden, sind Gefühle notwendiger Bestandteil der Intelligenz des Menschen? Wahnwitzig, dieser Frage ausgerechnet in der Domäne nachzuspüren, die als Tummelfeld der Rationalität schlechthin gilt.

Was sind die Unterschiede in der Vorgehensweise von Menschen und Maschinen? Was muss ein Computerprogramm leisten, um einen Menschen im Schach zu besiegen? Frederic Friedel muss es wissen. Er wuchs als Sohn eines bayrischen Schachmeisters und einer indischen Mutter in der Nähe von Bombay auf, verbrachte seine Kindheit zwischen Schlangen und Schachbrett, studierte in Oxford und ist, klar, leidenschaftlicher Anhänger des Verschiebens von Figuren auf einem 8 x 8 Felder kleinen Spielfeld. Friedel gründete 1987 mit Matthias Wüllenweber die Firma ChessBase, welche die heute größte Schachdatenbank der Welt hortet. Die Firma entwickelte zudem eines der spielstärksten Schachprogramme der Welt weiter, Fritz. So gewöhnlich der Name, so ungewöhnlich die Leistung der beiden Programme.

Chessbase hortet heute knapp 2 Millionen historische Partien in seiner Datenbank. Data Mining ist hier das Stichwort, aus riesigen Datenmengen werden gesuchte Inhalte gefunden und verknüpft. Chessbase ist in der Lage jede Eröffnung und Variante tiefgehend zu analysieren, so dass für fast jede Spielsituation innerhalb kürzester Zeit eine Monographie erstellt werden kann: Wann die Partie das erste Mal so gespielt wurde, wann sie aus der Mode kam, warum man sie heute wieder spielt. Das Wichtigste ist aber, dass die Datenbank auch die gängigen und kritischen Fortsetzungen archiviert, wobei Letztere schwieriger zu identifizieren sind. An dieser Stelle setzt das Programm, oder wie die Experten lieber sagen, die „Schachengine" Fritz, an. Den fleischlichen Hirnakrobaten unterliefen in der Vergangenheit nämlich – wie dumm – immer wieder Fehler, und diese deckt Fritz nun gnadenlos auf. Die geballte Rechenpower lässt die Software häufig unkonventionelle Fortsetzungen vorschlagen, darunter sogar solche, die Generationen von Großmeistern übersehen haben. Der Erforschung des Schachspiels sind keine Grenzen mehr gesetzt.

In dem Bürokomplex sieht es eher aus wie in einer Spedition als in der Schmiede des besten Schachprogramms der Welt. Keine Pflanzen, die Kaffee-Maschine setzt Flecken an. Industrielle Auslegeware in Mausgrau, und ich bin dankbar, dass dieser Schuppen so wenig mit den Cyber-Start-ups der Rush-Ära gemein hat.

Direkt ans Büro angeschlossen sind Lager und Poststelle, im Lager packt eine Frau Kartons. Man versteht sich, die meisten scheinen seit Jahren hier zu arbeiten. Friedel stellt seine Mitarbeiter vor. Sein Kompagnon Wüllenweber, ein Zwei–Meter-Schlacks, sieht aus wie alle anderen hier. Typische Nerds mit ihren notorischen Absagen an modische Feinheiten. Intelligente Gesichter, man grüßt schüchtern, aber freundlich. Friedel selbst trägt weiße Tennissocken zu den schwarzen Straßenschuhen, am Revers eine kleine Schachfigur, einen König. Just ist die Auslieferung der neusten Version von Fritz erfolgt, Presse und Schachwelt zeigen sich begeistert, man spricht von der „Eier legenden Wollmilchsau für Schachliebhaber".

Die erste Überraschung in Friedels Ausführungen zur Arbeitsweise eines Schachprogramms folgt nach zwei Minuten: Nicht der Rechner, sondern der Mensch kann ein Spiel viel tiefer lesen und langfristiger planen. Trotz aller Rechenkraft kann eine Software-Rechner-Einheit nur 14 Halbzüge, also jeweils sieben Züge von Weiß und Schwarz, im Voraus berechnen, dann wird der Raum möglicher Stellungen einfach zu groß. Diese Beschränkung klingt angesichts heutiger Rechnerleistungen seltsam, ergibt sich aber aus der Logik der Mathematik. Stellt man sich beliebige Stellungen auf dem Brett vor, 12 Züge sind getätigt, die Schlacht ist in vollem Gange. Im Durchschnitt hat der Spieler, der nun am Zug ist, 40 mögliche Züge. Will ein Computer für jeden dieser möglichen Züge alle möglichen Antwortzüge des Gegners untersuchen, so muss er 40 x 40=1600 Fortsetzungen berechnen. Einen Halbzug weiter muss er 64 000 Fortsetzungen durchgehen, für vier Halbzüge schon 2,6 Millionen. Kein Problem bis hierhin, das Wachstum steigt aber weiterhin exponentiell. Nach dem zwölften Halbzug, also dem sechsten Zug von Schwarz, brummen die Platinen, denn der Elektro-Knecht muss 17 Trillionen ($10^{18}$) mögliche Stellungen durch seine Transistoren rauschen lassen. Eine durchschnittliche Schachpartie dauert allerdings 80 Halbzüge, bevor einer der Spieler aufgibt oder matt gesetzt wird – für den Rechner ist die Vorausberechnung der möglichen Fortsetzungen eine nicht lösbare Aufgabe. Die frühen Programmierer erkannten diese Zahlenexplosion schnell und entwickelten Methoden, um den Rechner davor zu bewahren, sich in den Tiefen des Zahlenuniversums zu verlieren. Wie, so ihre Frage, bringe ich den Rechner dazu, nur den wichtigsten Fortsetzungen nachzugehen?

Aus Befragungen von Schachgroßmeistern in den 30er Jahren des 20. Jahrhunderts war nur im Ansatz klar geworden, wie diese bei der Bewertung einer Stellung vorgehen. Es waren aber weniger stringente Berechnungen, welche die Meister trieben. Gegenüber dem holländischen Psychologen Adrian de Groot sprachen sie eher von Bildern und eingeprägten Spielsituationen als von der genauen Durchrechnung aller möglichen Folgen vieler Züge. Im Normalfall greifen sich gute Schachspieler nur zwei Züge heraus und brüten über das Nachspiel. Meist fällt die Entscheidung für einen Zug – selbst in komplizierten Stellungen – innerhalb von Sekunden. Die – man darf sagen – intuitiv getroffene Entscheidung wird durch spätere Berechnungen nur bestätigt. Nicht nur Schachmeister gehen so vor; Experten auf einem Gebiet grübeln einem Problem nicht lange nach, sondern sie sehen Komplexität und Lösung auf einen Blick. Schachmeister sind in der Lage, in einem Schachcafé quasi im Vorübergehen eine Partie mit erstaunlicher Sicherheit zu beurteilen und die Gewinnaussichten festzulegen. Sie denken in Bildern, nicht in Algorithmen. Diese visuelle Intelligenz ist die eigentliche Stärke des Schach spielenden Menschen gegenüber dem Computer.

Die Frage nach dem Wesen und den Bestandteilen von Intelligenz spielt in den Überlegungen von Frederic Friedel kaum eine Rolle. Dass Rechner anders vorgehen als Menschen, ergibt sich für ihn aus der „komplett divergierenden Architektur". Jede Definition von Intelligenz, so Friedel, muss an beobachtbares Verhalten gekoppelt sein. Wie und warum dieses Verhalten zustande kommt, sei weniger relevant. „Um eine Intelligenz zu beurteilen, halte ich es für uninteressant, wie etwas entstanden ist, ob aus Zufall, natürlicher Fügung oder weil schlaue Leute dahinter stekken." Das klingt nach Kästners „Es gibt nichts Gutes, außer man tut es" und tatsächlich erntet Friedel Früchte, welche auf dem Acker des pragmatischen Technizismus wachsen. In seinen Worten: „Rechner funktionieren zwar gänzlich anders als der Mensch, trotzdem kann die Performanz extrem menschlich wirken. Ein Computer wird nie fühlen, denken und verstehen wie wir. Man muss begreifen, dass Computer etwas ganz anderes sind als wir, trotzdem aber intelligente Leistungen erbringen können. Rechner sind wie Hunde oder andere Lebewesen: Ihr Verhalten kommt anders zustande als bei uns, trotzdem dürfen wir sagen, dass gewisse Verhaltensformen intelligent sind. Wenn maschinelles Verhalten ununterscheidbar von menschlichem Verhalten in einer Situation ist, dann spricht alles dafür, das auch intelligent zu nennen." Ist Intelligenz eine Black Box mit Wasserhahn, aus dem intelligente Leistungen heraussprudeln? Diese Frage wird unter Philosophen unter dem Namen „Chinesisches Zimmer" hitzig debattiert und wird auch uns später noch interessieren.

Aber, so wende ich zunächst ein, steckt in Fritz und anderen Programmen nicht nur die Intelligenz der Entwickler? Wo liegt der Unterschied zwischen einer intelligenten Lösung und immanenter Intelligenz? Der Drehkraftregler von Watts regelt auf genial-einfache Weise die Leistung des Motors, aber ist das schon intelligent? Friedel lässt sich auf diese Wortklaubereien ungern ein und antwortet zügig: „Wenn ein aufwändiger Regler nicht nur die Leistung des Motors modifizieren würde, sondern einen Grand Prix gewinnen und dabei sehr komplexe strategische Entscheidungen treffen würde, dann vielleicht doch."

An dieser Stelle könnten das Gespräch und die Reise in die Tiefen der KI am Ende sein und der PC würde folgende 150 Zeichen schlucken müssen: Künstliche Intelligenz ist ein von einem elektronisch-maschinellen Artefakt erbrachtes Verhalten, welches, von einem Menschen erbracht, als intelligent bezeichnet würde. Aber: Viele der klassischen Definitionen der KI drehen sich in diesem Kreis und ignorieren die Warnglocken der Zirkularität. Wie aber kann eine Intelligenz sinnig mit einer anderen Intelligenz erklärt werden?

Der Kaffee ist mittlerweile kalt, die Kekse pappig. Im Hintergrund spielt Fritz eine Partie gegen ein anderes Schachprogramm und gewinnt, der Prozessorlüfter summt weiterhin sein endloses Lied dazu. Die Argumente Friedels sind logisch, gleichwohl fühle ich mich durch seine klugen Züge eher überrumpelt als überzeugt. Mein Friedensangebot ist keine Finte und ich gebe zu bedenken, dass die Intelligenz-Messlatte für die Computer mit der Zeit immer höher gelegt wird. Ein triviales Beispiel: Die Rechtschreib- und Grammatikkorrektur einer Textverarbeitung wäre im Zeitalter der Schreibmaschine sicherlich als intelligent bezeichnet worden. „Der Mensch", so erklärt Friedel daraufhin, „erkennt den Sinn des Satzes, während das Rechtschreibprogramm nur mit seiner Datenbank abgleicht."

Meine Verwirrung nimmt zu. Sinn? Bedeutungszusammenhang in der Welt? Kann das ein Programm leisten? Wer kam überhaupt auf die Idee, einem Rechner Intelligenz geben zu wollen? Die Beantwortung der Frage muss nach hinten verschoben werden, denn noch ist nicht geklärt, wie ein modernes Schachprogramm es schafft, trotz seiner begrenzten Planungstiefe annähernd alle Menschen auf der Welt zu schlagen. Friedel erklärt: Während der Rechner spätestens nach dem 14. Halbzug scheitert, betrachten gute Schachspieler eine Situation, erkennen Abtauschkonfigurationen und sehen, dass sie in 30 Zügen in ein Endspiel kommen, welches für sie günstig ist. Das Problem: Leider gibt es oft in den langfristigen Plänen kleine Unstimmigkeiten, um nicht zu sagen Fehler. Diese Fehlschlüsse erkennt ein Programm wie Fritz zu 100 Prozent. Jeder Schachgroßmeister kann viel tiefsinniger denken und langfristiger planen als die Maschine, er oder sie darf sich dabei aber keinen Fehler erlauben. Sobald nur der kleinste Fehler in den Überlegungen versteckt ist, ist das Spiel verloren.

Wo waren wir stehen geblieben? Richtig, es ging um die Frage, wie eine Software dazu gebracht werden kann, nur den wichtigsten Pfaden des Schachspiels nachzugehen. Die Beantwortung dieser Frage führt direkt zu den Anfängen der Geschichte der KI, denn Schach wurde von den Gründungsvätern der artifiziellen Intelligenz zu der Spielwiese auserkoren, auf welcher sich die junge Forschungsmannschaft beweisen sollte. Es wird trefflich darüber gestritten, wie weit die Geschichte der Künstlichen Intelligenz zurückreicht. Wie üblich müssen hier die Griechen herhalten. Und sicherlich geht die Idee, logische Regeln zu formulieren, die nur aufgrund ihrer Form gelten, mindestens bis auf Aristoteles zurück. Die Reinform ist der bei Mensanern beliebte Syllogismus, kann Formalisierung genannt werden und ist eine Voraussetzung für KI. Ist man aber bereit, die Erfindung fester Regelsätze als Teil der Geschichte der artifiziell werkelnden Klugheit anzusehen, ist es nur noch ein kleiner Schritt dahin, die Historie der KI mit der Idee des planmäßigen Rechnens einzuläuten. Aus dieser Sicht wäre der Abakus die Vorform eines intelligenten Artefakts.

## Hansdampf in allen Gassen

Übersichtlicher ist es, die Idee der Mechanisierung von menschlicher Intelligenz von der Möglichkeit ihrer praktischen Realisierung zu unterscheiden. Mit einfachen Worten: Rumspinnen kann man viel, wann aber rückte die Konstruktion von Maschinen mit Denkvermögen in greifbare Nähe? Wer legte als Erster ein überzeugendes Konzept eines Apparats vor, der so schnell, so sicher und so flexibel denken und eventuell sogar handeln konnte wie ein Mensch? Erst ab diesem Zeitpunkt kann von Künstlicher Intelligenz gesprochen werden, alles andere ist Ebnung des Weges, Vorgeschichte, gleichwohl aber relevant, denn die frühe Idee der Mechanisierung des Menschen fungiert noch heute als Blaupause für die Konstruktion künstlicher Intelligenzen.

Ein Mann steht sicher im Pantheon der Wissenschaft von der Künstlichen Intelligenz. Ein Mann, der nicht als Romanautor, sondern als Mathematiker den Geist in die Maschine bringen sollte. Ein Mann, wie ihn die Geschichtsschreibung liebt: zerstreut, nachlässig gekleidet, ungeschickt im sozialen Umgang, exzentrisch, aber ein begnadeter Zahlenjongleur, der vom britischen Verteidigungsministerium in das Team berufen wurde, welches den Code der deutschen Funkspruch-Chiffriermaschine Enigma knacken sollte. Ein Homosexueller, der seine Leidenschaft vor seinen Kollegen verbergen musste, und von einem Gericht aufgrund einer publik gewordenen Affäre dazu verurteilt wurde, entweder ins Gefängnis zu gehen oder sich ein Jahr lang Östrogen zur Beruhigung seiner Libido injizieren zu lassen. Ein Mann, dessen Fähigkeiten so sehr überzeugten, dass er eine abhörsichere Verbindung zwischen Churchill und Roosevelt aufbauen sollte, ein Mann, den seine Kollegen als eifrig, wissbegierig, begeisterungsfähig, als zornig und einzelgängerisch empfanden. Ein Mann, der dafür sorgte, dass Männer wie Frederic Friedel heute ihre Brötchen verdienen, ein Mann, dessen verschiedene Schriften den Grundstein zur Informationstheorie, Informatik, neuronalen Netzen, Chaosforschung und vor allem zur theoretischen und praktischen Wissenschaft von der Künstlichen Intelligenz legten. Kurzum, eine wahre Geistesgröße, ein Genius und darum nicht von dieser Welt. Wobei das nicht einmal stimmt, denn der Mann war eine Sportskanone und wurde nur durch eine Verletzung davon abgehalten, als aktiver Teilnehmer zu den Olympischen Spielen zu reisen. Der geneigte Leser wird den Namen wissen, der Unbeleckte ihn schon gehört haben, der Oberschlaue hat das Buch eh schon aus der Hand gelegt: Alan Turing. Um ganz korrekt zu sein Alan Mathison Turing, der erste Hakker.

Universität Cambridge, 1935. Der 23 Jahre alte Turing sitzt in einer Vorlesung des Geometrie-Professors Maxwell Newman und hört, dass eine vom deutschen Mathematiker David Hilbert gestellte Frage noch immer ihrer Antwort harrt. Gibt es eine immer gültige definitive Methode oder einen Prozess, um zu entscheiden, ob eine aufgestellte mathematische Behauptung überhaupt beweisbar ist? Dies ist das so genannte „Entscheidungsproblem". Mit anderen Worten: Existiert ein Verfahren, das für jede Aussage deren Wahrheit beziehungsweise Falschheit feststellt? Turing setzte sich an sein Schreibpult und tat das, was er in seiner Freizeit mit seinen Freunden eh gerne tat – er knobelte. Turing beantwortete diese Frage und zeigte, dass das Problem unlösbar ist. Er weiß natürlich, dass es Fragen ohne Antworten gibt, die Frage nach dem Ursprung des Universums ist eine solche, die nach dem Sinn des Lebens ebenso. Auf der anderen Seite weiß er, dass es durchaus Probleme gibt, die sich eindeutig entscheiden, das heißt lösen lassen, beispielsweise arithmetische Aufgaben. Dies ist aber nicht das Brisante, denn Turing geht in seiner Antwort weit über das spezielle Problem hinaus, denn er liefert eine exakte Definition des Begriffs „Verfahren". Er erkennt zunächst, dass die Kapazität eines Menschen für das Durchdenken eines solchen Prozesses allein durch die Zeit begrenzt ist. Im Gegensatz zu seinen Kollegen, welche die abstrakte Frage im abstrakten Raum der Mathematik belassen, geht Turing allerdings davon aus, dass ein solches Verfahren ohne höhere Einsicht ausgeführt werden muss, um nicht zu sagen, rein mechanisch. Turing greift daher die Idee früher Rechenmaschinen auf und entwirft zur Lösung des Entscheidungsproblems eine theoretische Maschine, die das Hilbertsche Problem lösen soll.

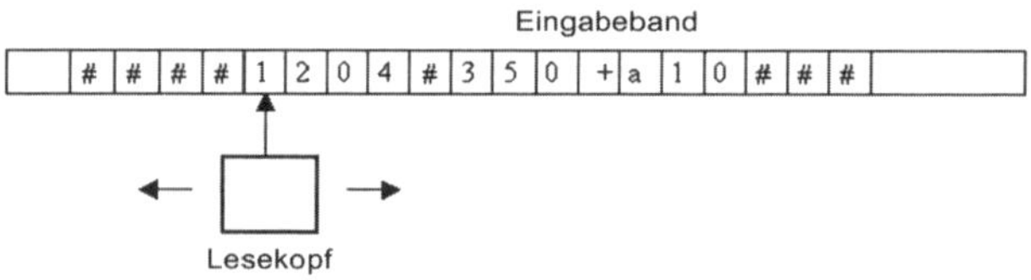


Die Tuning-Maschine (Abb.: Autor)

Warum sollte nicht, so Turing, eine Maschine existieren, die aus zwei Teilen besteht: einem endlosen Papierstreifen, unterteilt in Felder, auf denen Symbole, beispielsweise das Alphabet, aufgedruckt sind, und einem Lesekopf, der – sich nach links und rechts bewegend – die Symbole auf dem Papierstreifen lesen und löschen und wieder beschreiben kann? Turing denkt weiter: Der Papierstreifen darf nur eine begrenzte Anzahl von unbeschriebenen Feldern haben und zu jeder Zeit muss der Lesekopf in einer Position über dem Band schweben, die ihr das Lesen und Schreiben erlaubt. Eine simple Serie von Instruktionen treibt diese Maschine an: *Ist-Zustand, Ist-Symbol, neuer Zustand, neues Symbol, links/rechts.* Die Arbeitsweise einer Turing-Maschine wird durch diese so genannte Maschinentafel bestimmt. Diese Tafel definiert für jeden möglichen Ausgangszustand der Maschine in Abhängigkeit von dem jeweils gelesenen Symbol eine bestimmte Operationsvorschrift. In dieser Vorschrift werden festgelegt: Der neue Zustand der Maschine, das neue Symbol, das die Maschine in das Feld schreibt, das sie gerade gelesen hat, sowie die Richtung, in der sich der Schreib/Lese-Kopf um ein Feld vorwärts bewegt (links/rechts). Man mag es kaum glauben, aber mit diesem Regelset lässt sich theoretisch der Teil der Welt, der sich durch Berechnung erschließen lässt, durchkalkulieren. Theoretisch! Da die Turing-Maschine über keinen internen Speicher verfügt, benötigt sie selbst für eine einfache Aufgabe relativ komplexe Operationsvorschriften. Bei der Multiplikation von 3 x 4 führt die Maschine 323 Operationen aus, bis das Ergebnis feststeht. „Computer", so wurden Anfang des 19. Jahrhunderts die Hilfskräfte mit ihren Rechenschiebern genannt, die nautische Berechnungen auf Basis umfangreicher Tabellen durchführten. So einfach sie auch ist, aus logischer Sicht hat die Turing-Maschine die Kraft eines heutigen digitalen Computers.

Im ersten Schritt rutscht der Schreibkopf ganz nach rechts und schreibt eine 1. In einem zweiten Schritt hängt die Turing-Maschine für jede „1" der ersten Zahl (bis auf die erste) alle 1-en der rechten Zahl (bis auf die erste) rechts an. W, X und Y und Z sind nur Markierungen, um sich zu merken, was schon kopiert wurde und was noch nicht.

Es ist die Korrespondenz dreier Faktoren, welche die Einzigartigkeit des Entwurfs von Turing ausmachen: logische Instruktionen, das menschliche Denken und die Aktion einer virtuellen, im Prinzip aber baubaren Maschine. Die damit verbundene Definition einer definitiven Methode ist der Durchbruch für die Idee der mechanischen Berechnung – der maschinell abarbeitbare

Algorithmus, die Software, ist geboren. Mit einem Regelset ausgestattet kann diese mythische Maschine eine unbegrenzte Anzahl von Rechenaufgaben lösen, um nicht zu sagen: Jedes Problem, für welches es eine Lösung gibt, stellt für die Turing-Maschine kein Problem dar. Der Clou: Bei einem unlösbaren, weil nicht berechenbaren Problem hält die Maschine einfach an oder rechnet für ewig, unermüdlich den Papierstreifen verarbeitend. Aber das Grauen einer jeden Theorie, nämlich die Anwendung auf sich selbst, übersteht diese theoretische Maschine nicht: Sie selbst ist ein Beispiel für eine nicht lösbare Aufgabe, denn ein unendliches Band, wer will das herstellen?

```
_<1>1 1 1 _ 1 1 1 1 1 _ _ _ _ _ _ _ _ _ _ _ _ _ _ _ _ _ _ _ _
_ W<1>1 1 _ 1 1 1 1 1 _ _ _ _ _ _ _ _ _ _ _ _ _ _ _ _ _ _ _ _
_ W 1<1>1 _ 1 1 1 1 1 _ _ _ _ _ _ _ _ _ _ _ _ _ _ _ _ _ _ _ _
_ W 1 1<1>_ 1 1 1 1 1 _ _ _ _ _ _ _ _ _ _ _ _ _ _ _ _ _ _ _ _
_ W 1 1 1<_>1 1 1 1 1 _ _ _ _ _ _ _ _ _ _ _ _ _ _ _ _ _ _ _ _
_ W 1 1 1 _<1>1 1 1 1 _ _ _ _ _ _ _ _ _ _ _ _ _ _ _ _ _ _ _ _
_ W 1 1 1 _ Y<1>1 1 1 _ _ _ _ _ _ _ _ _ _ _ _ _ _ _ _ _ _ _ _
_ W 1 1 1 _ Y 1<1>1 1 _ _ _ _ _ _ _ _ _ _ _ _ _ _ _ _ _ _ _ _
_ W 1 1 1 _ Y 1 1<1>1 _ _ _ _ _ _ _ _ _ _ _ _ _ _ _ _ _ _ _ _
_ W 1 1 1 _ Y 1 1 1<1>_ _ _ _ _ _ _ _ _ _ _ _ _ _ _ _ _ _ _ _
_ W 1 1 1 _ Y 1 1 1 1<_>_ _ _ _ _ _ _ _ _ _ _ _ _ _ _ _ _ _ _
_ W 1 1 1 _ Y 1 1 1 1 _<_>_ _ _ _ _ _ _ _ _ _ _ _ _ _ _ _ _ _
_ W 1 1 1 _ Y 1 1 1 1<_>1 _ _ _ _ _ _ _ _ _ _ _ _ _ _ _ _ _ _
```

Die ersten 13 Schritte der Turing-Maschine bei der Multiplikation von 3 x 4. Der gesamte Rechenverlauf ist unter http://www.ams.org/new-in-math/cover/turing_multiply_output.html zu bewundern. Die exakte Erklärung der Vorgehensweise steht unter http://www.ams.org/new-in-math/cover/turing_multiply_code.html. Bei dieser Rechenaufgabe ist jede positive natürliche Zahl n durch den „unären Code" dargestellt, das heißt als eine Folge von n+1 aufeinander folgenden Einsen. Die Zahl 3 wird so als 1 1 1 1 kodiert, wobei jede 1 in einem eigenen Feld steht. Der Vorteil der unären Codierung liegt darin, dass so Verwechslungen der Null mit leeren Feldern vermieden werden, denn die Null wird durch 1 kodiert.

Jeder Schüler zerlegt eine kompliziertere Rechenaufgabe in Einzelschritte und arbeitet sie einzeln und nacheinander, sequentiell, ab. Turings Gedankenmaschine leistet genau das. Das Schöne für Mathematiker: Die rechnerische Leistung seiner Maschine ist nicht zu übertreffen, denn Turing trieb die Zerlegung algorithmischer Prozesse in einfache Schritte an die äußerste Grenze. Sie geben ein Statement ab und wollen wissen, ob es wahr oder falsch ist? Nicht denken, nicht diskutieren, die Lösung liegt in der Auflösung in die kleinstmöglichen Bestandteile und deren mechanischer Verarbeitung. Damit zieht zugleich der technisch fundierte, binär codierte Pragmatismus in das Denken der zukünftigen Techno-Elite ein. Darum steht Alan Turing so sicher im Pantheon, denn er erbrachte die Definition von Berechenbarkeit mit Hilfe der Beschreibung des mathematischen Modells eines mechanischen Apparates. Zugleich fielen seine Ideen in eine Zeit, in der die technische Realisierbarkeit seiner Entwürfe in naher Zukunft möglich schien. Nicht mehr klickernde Zahnräder sollten summieren und subtrahieren, sondern elektronische Bauteile, die schnell und sicher mit nur zwei Werten hantierten, 0 und 1. Die Idee der Berechenbarkeit menschlicher Intelligenz steht und fällt mit dem binären Code.

Aber so weit ist es zunächst noch nicht. Turing veröffentlicht seine Ideen und ist fasziniert von dem Gedanken, nicht nur das Rechnen, sondern auch andere Aktivitäten des menschlichen Verstands mit der von ihm erdachten universellen Maschine repräsentieren zu können. Die Vorstellung ist revolutionär: eine Maschine, die jedes Problem in seine Bestandteile zerlegt und damit entzaubert, der absolute Zerhäcksler, eine Maschine für alle nur denkbaren Aufgaben. Denn obwohl seine Ausführungen zum hilbertschen Entscheidungsproblem die Grenzen des Berechenbaren gezeigt haben, ist er als Forscher naturgemäß eher davon angezogen, was ein praktisch realisierter Turing-Apparat wohl alles berechnen könnte, als davon, was er nicht kann. Die dahinter stehende Frage ist nur: Was alles ist berechenbar? Gibt es unzerlegbare Probleme?

Turing weiß nur zu gut, dass er damit an den Grundfesten der Philosophie rüttelt, und hält sich zunächst bedeckt. In einem weiteren Aufsatz lässt er die Tür für das Unberechenbare noch einen Spalt offen. Die menschliche Intuition könnte, so Turing, das sein, was in einer mathematischen Argumentation als nicht berechenbarer Schritt gilt.

Etwas Geschichte, um den spannenden Stoff etwas trockener zu gestalten? Im Zweiten Weltkrieg entwickelte sich die Nachrichtentechnik sprunghaft, elektronische Technologie galt als schnell und zuverlässig. Konrad Zuse baute 1941 seinen Z3-Rechner noch mit schwerfälligen, aber preiswerten Relais. In den USA ging der erste Computer 1944 in Betrieb; „Mark I" bestand aus 3304 Relais und einem überwiegend mechanischen Rechenwerk, das sogar noch im Zehnersystem arbeitete. Schon damals spielte „Big Blue" seine Rolle: Ein großer Teil des Projekts wurde von IBM finanziert. Zwei Jahre später wurde ein 20 Tonnen schweres Monster mit dem Namen „Eniac" geboren, in welchem bereits 18.000 Vakuumröhren dampften. Für Turing waren diese Fortschritte deutliche Zeichen dafür, dass sein virtueller Computer Praxis werden kann. 1944 spricht er gegenüber seinem Kollegen Donald Bayley zum ersten Mal davon „ein Gehirn zu bauen".

Was aber hat das alles mit Schach zu tun? Frederic Friedel weiß auch hier die Antwort. Spannungsgeladen beugt er sich über den Tisch und stellt die Preisfrage: „Wann, denken Sie, wurde das erste Schachprogramm entwickelt? Wie viele Jahre vergingen vom Bau des Rechners bis zum Schachprogramm?" Ich habe keine Ahnung und fasele was von „zeitgleich", Friedel lehnt sich zufrieden zurück und sagt energisch: „Nein. Alan Turing hat das erste Schachprogramm geschrieben bevor es den Rechner gab, der dies ausführen konnte. Er wusste, dass es Computer geben wird, die man programmieren kann. Er hat damals selber die Rolle der CPU gespielt und das Programm ausgeführt!" Soll ich staunen oder erschrecken? Ich stelle mir Turing vor, von der Regierung beauftragt, mit anderen Wissenschaftlern zusammen in einem Kaff 80 Kilometer nördlich von London den Code der Enigma zu knacken, seiner Spiellust nachgehend. Alle Aufzeichnungen dieser Nachrichtenabteilung sind bis heute unter Verschluss, es gilt aber als sicher, dass Turing zu dieser Zeit eine erste Software für den nur in Ansätzen existierenden frei programmierbaren Computer zu schreiben begann. Und eben nicht zufälligerweise war das ein Schachprogramm, denn „Schach besitzt genau den richtigen Komplexitätsgrad", wie Friedel bestätigt. Hätte sich Turing an eine Software zur Humorerkennung getraut, wären die Bemühungen um die Reproduktion menschlicher Fähigkeiten wenn nicht versandet, so doch sicher nicht so schnell aus den Startlöchern gekommen. Denn auf der einen Seite ist Schach ein anspruchsvoller Zeitvertreib, welcher seit Jahrhunderten vor allem schlaue Köpfe in den Bann zieht, auf der anderen Seite lebt es von seinem fast schon trivialen Spielaufbau. Es gibt feste Regeln, wie die Figuren bewegt werden dürfen und der Raum auf dem sich bewegt werden darf, ist knapp gehalten. In einem Satz: Das Spiel besitzt klar definierte Zustände und Operationen in einer statischen und vollständig bekannten Umgebung.

Wenn es überhaupt eine Chance geben sollte, einer Maschine intelligentes Verhalten abzuringen, dann in diesem begrenzten Raum der Möglichkeiten. Turing brauchte sechs Seiten für den Code: Jede Figur erhielt einen Wert, Mobilität und Deckung der Figuren wurden ebenfalls berücksichtigt und – sein Papiertiger konnte tatsächlich Schach spielen. Leider erlebte Turing die Implementierung in den realen Computer nicht mehr mit, er stirbt 1954.

Unabhängig von Alan Turing grübelte in den USA Claude Shannon darüber nach, wie man eine Maschine instruieren konnte, verschiedene rechnerische Aufgaben zu erledigen. Auch ihm erschien die „Programmierung", damals setzte man das Wort noch in Anführungszeichen, einer Schach spielenden Maschine als hervorragendes Exempel. Er beschrieb in seinen Algorithmen alles, was zum Electro-Chess gehört. Die Stellung der Figuren auf dem realen Brett wurden im Rechner durch ein Zahlensystem repräsentiert, eine Stellungsbewertung ermöglichte dem Computer die

Beurteilung der Situation. Das Problem aber war, wie der Rechner aus den vielen möglichen Zügen den besten auswählt. Turing hatte übersehen, dass man nicht alle möglichen Fortsetzungen einer Partie überprüfen und vergleichen muss. Wenn zum Beispiel der erste Zug vollständig untersucht ist, sodann mit der Untersuchung des zweiten Zuges begonnen und dabei festgestellt wird, dass er mindestens eine schlechtere Konsequenz hat als der erste, dann kann die Berechnung abgebrochen werden. Es ist nicht nötig, genau zu ermitteln, um wie viel schlechter er ist als der erste Zug, denn der Rechner sollte und wird ihn nicht spielen.

Wie Turing hielt Shannon ein Schachprogramm für die ideale Spielwiese, um die neuen Möglichkeiten der Technik auszuloten. Zu einem ersten Gripsvergleich zwischen Mensch und Maschine kam es 1956, als Atomphysiker nach immer mächtigeren Transistormaschinen zur Berechnung von atomaren Sprengverläufen verlangten. Maniac I, entwickelt in Los Alamos, USA, spielte auf einem Brett mit 6 x 6 Feldern ohne Läufer Schach. Noch heute glänzen die Augen der Computerschachmaniacs, wenn sie erzählen, dass dieses Programm gegen eine junge Wissenschaftlerin gewann. Allerdings hatte sie erst zwei Wochen zuvor das Schachspielen erlernt.

Es sollte bis 1977 dauern, bevor das erste Mal ein wahrer Heroe des Schachs, ein Großmeister, eine Partie gegen einen Rechner verlieren sollte. Michael Stean wurde diese zweifelhafte Ehre zuteil.

Shannon (1916-2001) liebte die Bastelei. Er entwarf kleine Roulettecomputer, raketenangetriebene Frisbees und eine Jongliermaschine und der Legende nach soll er abends gerne auf einem Einrad durch die Gänge der Bell Laboratories gefahren sein. Für ihn war Information – wie das meiste andere in der realen Welt – primär eine Quantität und von daher von einer Maschine prinzipiell verarbeitbar. 1948 schrieb er seinen in Fachkreisen berühmten Text zur mathematischen Theorie der Kommunikation, seine Frage war: Wie kann eine Nachricht ohne Informationsverlust durch eine gestörte Telefonleitung gelangen? Seine Antwort: durch den sinnvollen Verbund von Nullen und Einsen, die so genannten Bits – das digitale Zeitalter war angebrochen, der Text wurde zur Grundlage der Informationstheorie. Im selben Jahr publizierte er den Aufsatz, in welchem er sehr genau darstellte, welche Anforderungen ein Programm erfüllen muss, um nicht nur legale Züge auf dem Schachbrett zu ziehen, sondern eventuell sogar solche, die ein Spiel gewinnen könnten.

Die für die Schachprogrammierung aufgestellten Konzepte von Shannon und Turing gelten noch heute. Turing, Shannon, Norbert Wiener – sie alle hatten die „Principia Mathematica" von Bertram Russell studiert. Nach dem Vorbild einer an ewigen Wahrheiten verstandenen Mathematik hatte Russell eine formale, völlig kontextbefreite Logik entwickelt. Das war es, was die Elite der Informationstheoretiker aufhorchen ließ: Sollte es möglich sein, den so geliebten mathematischen Raum, dieses Abstraktum ohne Repräsentation in der dinglichen Welt, in den Computer zu bannen und damit gleichsam zu materialisieren? Und wenn ein Ding aus der realen Welt, bei dem normalerweise Figuren angefasst und bewegt werden müssen, in den Computer übertragbar ist, warum sollten dann nicht auch andere Dinge des Alltags in Symbole übersetzt ein neues Dasein im Elektronenhirn führen können? Warum nicht, so die Antwort, schließlich glaubte man sich in der Sphäre der Elektronen unabhängig von den mechanischen Kalamitäten, welche die Entwicklung der Berechnungsmaschinen so lange behindert hatten.

Die Sonne ist mittlerweile untergegangen, und das Gespräch mit Frederic Friedel neigt sich dem Ende zu. Die Frage nach dem Reiz des Computerschachs lässt den Mann noch einmal aufhorchen. „Schach ist dreierlei", sagt er. „Kunst, Wissenschaft und Sport. Wissenschaft, weil offensichtlich ein wesentlicher Teil in Studium und Analyse besteht, Sport, weil die Top-Spieler körperlich fit, ja geradezu durchtrainiert sein müssen, eine Kunst, weil die Werke, die sie schaffen, ähnliche Gefühle bei ihnen und den Betrachtern hervorrufen wie große Musikstücke oder die Bilder großer Maler.“ Ich merke an, dass in seiner Aufzählung die Bezeichnung „Spiel“ fehlt. Friedel lacht: „An der Behauptung, Schach sei doch nur ein Spiel, sind Ehen gescheitert. Nein, ein Spiel ist Schach nicht.“ Kein Spiel? Sinnierend verlasse ich das Büro, Friedel lädt mich ein, jederzeit mal wieder vorbeizuschauen. Was aber drängte Turing zu dieser brillanten Leistung, wenn nicht die Lust am Spiel?

Turings frühe Leidenschaft gilt seinem Freund Christopher Morcom, mit dem er eine tief gehende, intellektuelle Freundschaft pflegt. Turing gesteht Morcom seine Liebe, dieser jedoch will den Schritt von einer intellektuellen zu einer homoerotischen Beziehung nicht gehen. Trotzdem bleiben die beiden ein unzertrennliches Paar. Morcom stirbt unvermutet an Tuberkulose im Februar 1930, den Tod des Freundes verwindet der junge Turing nur schwer. Während der langen Sinnkrise, bezeugt durch zahlreiche Briefe an Morcoms Mutter, beschäftigt ihn immer wieder eine Frage: Wie ist der menschliche Geist im Allgemeinen, vor allem aber Christophers Geist im speziellen, in der Materie verkörpert? Und im Falle des Todes: Löst sich der Geist aus dem Körper heraus? Seelischen Trost findet der einsame Turing in seinen Büchern. Die Quantenmechanik bietet Interpretationsraum, ebenso das Buch „On the nature of physical world“ des aus quäkerischer Familien stammenden Mathematikers und Physikers Arthur Eddington.

Als Atheist ist Turing förmlich gezwungen, die Erlösung seines Freundes weniger religiös als physikalisch zu konstruieren. Und so oszilliert Turing zwischen Scharf- und Trübsinnigkeit, dem Schicksal seines Lebens ergeben, der Liebe zur Mathematik folgend, immer weiter in die Tiefen des Codes hinein. Zu seiner Verzweifelung trägt die Zwangsbehandlung mit Östrogenen bei; nicht nur dass ihm Brüste wachsen, er leidet unter starken Depressionsschüben. Über die Jahre gewinnt die rationale Hälfte in seinem Wesen den inneren Kampf um das Seelenheil. Ein Pyrrhussieg, wie sich später zeigt: Kurz vor seinem 42. Geburtstag, am 8. Juni 1954, wird Turing 1954 mit einem zur Hälfte verzehrten, zyanidgetränkten Apfel in der Hand tot aufgefunden.

Turing schließt spätestens 1942 die Tür zum Raum der Unerwägbarkeiten. Wo er noch 1936 eine Analogie zwischen der Intuition des Geistes und der Unberechenbarkeit durch die Maschine gezogen hatte, stand nun ein deterministisch-atheistisches Denken im Vordergrund. Auch sein berühmter Test kann als der Versuch interpretiert werden, abseits der schmerzhaften Verwicklungen des Fleisches eine abstrakte Intelligenz, weder Mann noch Frau, zu konstruieren. Der britische Turing-Biograph Andrew Hodges spricht von einem „zweiten Tod von Christopher Morcom", als Turing sich aufmacht, die Welt der Berechenbarkeit zu erkunden. Denken und damit auch menschliche Erkenntnis sind nichts anderes als interne Berechnungen des Organismus, ebenso organisiert wie in (s)einer Maschine. Turing glaubt nun fest daran, dass in Zukunft der Computer das Medium zur Materialisierung des gesamten menschlichen Geistes sein kann. Eine Vorstellung, die in den kommenden Jahrzehnten eine zunehmende Anhängerschar finden wird.

Fritz, ein niedlicher Name für einen Prozess, der eigentlich nur schnell addieren, subtrahieren und vergleichen kann, im engeren Sinne sogar nur blitzschnell zwischen 0 und 1, Strom an, Strom aus, wechselt. „Brute Force", das rohe Durchrechnen möglicher Folgestellungen, so nannte schon Claude Shannon das Vorgehen eines Schachcomputers. Aus Sicht von Friedel macht trotzdem einzig das nach außen sichtbare Verhalten ein Programm intelligent, und damit steht er nicht alleine. Erfahrenen Spielern geht es ebenso, nach fünf Minuten gegen Fritz kommen Kommentare wie „Aha, jetzt versucht er meinen Springer einzukreisen" oder „Leider hat er meinen Plan durchschaut". Schachmeister Garry Kasparov ist sogar beleidigt, wenn man ihm sagt, er spiele nur gegen eine stupide rechnende Maschine. Für Friedel alles deutliche Zeichen, dass die Menschen hier eine Maschine so behandeln, wie sie es verdient. Manchmal nennt er die schnelle Software liebevoll Fritzi. Bin auch ich bereit, der Software den Lebenssaft zu injizieren?

Bauer d2-d4, Fritz zieht d7-d5. Eine stinknormale Eröffnung, ich biete schon mal Remis an, aber mein arroganter Gegenüber lehnt ab. Springer f3, und das Schicksal nimmt seinen Lauf. Obwohl das Siliziummonster auf schwache Spielstärke eingestellt ist und ein virtueller Coach mir bei der Beurteilung meiner Züge hilft, bin ich nach dem 17. Zug verloren. In einem Extra-Fenster zeigt Fritz die Siegchancen an, mein roter Balken fällt seit zwei Zügen ins Bodenlose. Dazu brummt wieder ein Lüfter im Hintergrund, die Kühlung für springende Elektronen scheint die Reise durch den Kosmos der intelligenten Maschinen ewiglich zu begleiten. Neues Spiel, neues Glück. Dieses Mal macht mich der Kerl noch schneller zur Minna, ich komme mir doof vor, halte das Programm aber nicht für schlau. Wahrscheinlich bin ich als grottenschlechter Schachspieler nicht mal ansatzweise in der Lage, die Komplexität der Berechnungen von Fritz zu würdigen. Nicht nur die Kunst entsteht anscheinend im Auge des Betrachters. Wie viel Geistesreife muss man erreicht haben, um die Klugheit eines Programms zu erkennen? Partie um Partie flirrt über den Bildschirm, ich werde dabei traurig, Fritz nicht, wie und warum auch. Sicher, die Software bewegt die Figuren mit einer traumwandlerischen Sicherheit über das Brett, aber weder kann ich mich mit dem Programm anfreunden, noch habe ich das Gefühl, einem intelligenten Wesen gegenüberzusitzen. Schlechte Voraussetzungen für eine dauerhafte intellektuelle Beziehung, geschweige denn für eine emotionale Bindung. Meinen Ford Granada, Baujahr '76, den kann ich streicheln, mein Rechner lässt sich beschimpfen. Fritz aber, diese Superlative des Denksports, dieser HAL ohne Stimme, Fritz lässt mich kalt.

Wie aber wäre es, wenn ich gar nicht wüsste, dass Fritz ein Programm ist? Wie würde ich reagieren, wenn mit meiner bezaubernden, schachbegeisterten Freundin folgende Vereinbarung getroffen wäre: Jeden Morgen schiebt sie mir einen Zettel unter der Tür durch, auf dem ein Halbzug vermerkt ist. Den Tag über kann ich überlegen, und jeden Abend antworte ich ihr zärtlich mit meinem Halbzug. Die Pointe: Ihr ist es erlaubt, die gesamte Partie entweder selbst zu spielen oder von einer Schachsoftware wie Fritz ausführen zu lassen. Am Ende des Matchs muss ich raten, ob sie sich (um mich) oder nur Fritz bemüht hat. Wird Fritz dadurch intelligent(er), dass ich höchstwahrscheinlich nicht unterscheiden kann, ob er die Dame oder eine zweifelsohne pfiffige Dame mit dem Bauer spielt?

Es ist wieder Alan Turing, der nach dem Aufkommen der ersten Computer genau diese Frage stellt. 1950 sagt er in seinem Artikel „Kann eine Maschine denken?" voraus, „dass am Ende unseres Jahrhunderts der Sprachgebrauch und die allgemeine Ansicht sich so stark gewandelt haben werden, dass man widerspruchslos von denkenden Maschinen reden kann". Um zu überprüfen, ob ein Rechner intelligent ist, geht Turing wieder praktisch vor. Er will sich nicht in philosophische Abgründe einlassen und erdenkt daher einen einfachen Test: In einem Raum sitzt allein ein Mann, nur per Computerterminal mit zwei anderen Räumen verbunden. In dem einen davon sitzt eine Frau, in dem anderen brummt ein Computer. Der Mann stellt nun Fragen an die beiden Teilnehmer des Partygags, die beiden hacken ihre Antworten in die Tastatur und funken sie zurück auf den Monitor des Fragestellers. Wenn der Mann nach einiger Zeit nicht feststellen kann, wer von denen beiden die Frau und wer der Rechner ist, dann, so schreibt Turing, muss der Maschine Intelligenz zugestanden werden. Was so einfach und einleuchtend klingt, löst eine bis heute anhaltende, oft emotional aufgeladene Diskussion über das Wesen von Intelligenz, ihre Quantifizierbarkeit und Messbarkeit aus.

Eine experimentell bewiesene Tücke des Turing-Tests ist bekannt: Versuchspersonen vermuten am anderen Ende gerne dann einen Menschen, wenn ein absichtlich eingebauter Zufallsgenerator Fehler generiert. Irren ist halt menschlich. Aber wessen Problem ist das? Ist es nicht vielleicht besonders schlau von der Maschine, so zu tun, als ob sie ein Mensch wäre?

*ELIZA: Please tell me your name.*

*——: Joerg.*

*ELIZA: Hello! My name is ELIZA. I am glad to talk to you. What can I do for you?*

*Joerg: I have a simple question.*

*ELIZA: Please continue.*

*Joerg: Are you intelligent?*

*ELIZA: Would you prefer if I were not intelligent?*

*Joerg: No!*

*ELIZA: Why not?*

*Joerg: Because I like intelligent things.*

*ELIZA: Does that reason explain anything else?*

*Joerg: What do you think?*

*ELIZA: Do you doubt you?*

*Joerg: Slowly, right now.*

*ELIZA: Don't be so negative.*

*Joerg: It is getting stronger...*

*ELIZA: What does that suggest to you?*

*Joerg: Well, that perhaps your programmer is still intelligent.*

*ELIZA: You aren't sure?*

*Joerg: I never met him.*

*ELIZA: G'day.*

*Joerg: Bye, bye.*

*ELIZA: Bye! Help youself to exit from the menu.*

(Dialog mit dem Programm ECC-Eliza, als Freeware im Internet erhältlich)

Als der MIT-Professor Joseph Weizenbaum die virtuelle Psychologin „Eliza" 1966 programmierte, wollte er damit die Limitation der automatisierten Menschenbetreuung vorführen, zu seinem Unmut entwickelte sich das kleine Programm aber zum Renner und wurde später unter vereinsamten Atari-1040-ST-Besitzern und frühen PC-Freaks wie heiße Ware auf Disketten getauscht. Heute sind diverse Modifikationen des Programms im Umlauf, im Internet kann man sich sogar Online therapieren lassen. Selbst komplexere Programme, die mit einer vollständigen Bibliothek einer Sprache aufwarten können und die grammatikalischen Regeln sicher beherrschen, werden aber von jedem Nutzer nach kurzer Zeit gelangweilt weggeklickt. Zu monoton ist das Frage-Antwort-Spiel. Trotzdem honoriert der seit 1990 durchgeführte Loebner-Preis die gelungenste Software-Entwicklung für den Turing-Test. Alljährlich kommen Chatbot-Freaks aus aller Welt zusammen, um ihre Konversations-Maschinen von einer menschlichen Jury testen zu lassen. Fred, Albert, Alice, egal wie die Software genannt wird, noch keines war in der Lage, einen Prüfer von seiner Intelligenz zu überzeugen. Die Loebner-Jury konnte bislang nur „menschenähnliche" Programme küren.

Die Probleme des praktischen Turing-Tests sind über die Jahre dieselben geblieben und wurden zunächst auf drei Begriffe eingedampft: Syntax, Semantik, Pragmatik. Syntax sind die Regeln, nach denen die Zeichen, Worte eines beliebigen Codes zusammengefasst werden. Die Syntax der menschlichen Sprache umfasst Orthographie und Grammatik. Diese einer Maschine beizubringen stellt sich als die kleinere Aufgabe dar, im Gegensatz zur Semantik. Diese beschreibt den Bedeutungsgehalt der Zeichen und Wörter. Die Bedeutungszuordnung bedarf der Vereinbarung, die meist nicht eindeutig ist. Für den PC ist Interpretation ein Albtraum, denn Interpretation = unscharfe Information. Die Bezeichnung Tisch steht für die verschiedensten Tische und oft stellt sich die Frage, ob das noch ein Tisch oder bereits eine Tafel ist. Ein weiteres Problem für symbolverarbeitende Maschinen: Viele Begriffe des Alltags besitzen kein reales Gegenstück, oder haben Sie, ja, Sie als Leser, schon einmal den „Pluralismus" getroffen? Pragmatik schließlich bezeichnet die Wechselwirkung zwischen Mensch und Kommunikation. Nonverbaler Einfluss, Humor, Ironie, was ist das? Kurzum: Maschinelle Informationsverarbeitung findet meist nur auf der syntaktischen Ebene statt.

Genau hierauf weist John Searle immer wieder hin, eloquenter Philosoph für Geist und Sprache aus Kalifornien. Ihm ist das Treiben vieler KI-Anhänger zu bunt geworden, die kühn behaupten, dass ein Computer durchaus „denkt". Er antwortet 1980 auf den Turing-Test mit einem Gedankenexperiment, dem „Chinese room“ oder „chinesischen Zimmer“. Emphatisch versetzt sich Searle in das Innere des Turing-Tests: Er sitzt in einem Raum, auf dem ihm durch einen Schlitz Karten mit für ihn unverständlichen Schnörkeln durchgeschoben werden. Die Schnörkel sind chinesische Zeichen, die der arme Searle aber nicht begreift, weil er kein Chinesisch versteht. Was er aber lesen kann ist ein Buch, geschrieben in seiner Muttersprache. In diesem Buch steht recht genau, wie er mit den Schnörkelkarten umzugehen hat. Ein fester Satz von Regeln, etwa in der Art: „Wenn dir die und die Schnörkel hineingereicht werden, dann reiche die und die Schnörkel heraus.“ Searle kann nun, obwohl er überhaupt kein Wort Chinesisch versteht und nur nach rein formalen Regeln Symbole manipuliert, mit der Außenwelt kommunizieren. Der Witz: Für den Chinesen vor der Tür entsteht der Eindruck, als säße im Raum ein Landsmann, der munter mit ihm kommuniziert. Eine Maschine kann den Turing-Test bestehen, ohne überhaupt zu verstehen, was sie tut, also, so die Schlussfolgerung von Searle, kann sie auch nicht denken und nicht als intelligent bezeichnet werden. Das saß.

Nach der Veröffentlichung des Chinese-room-Experiments geht ein Aufschrei durch die KI-Gemeinde, zahlreiche Repliken und Gegenrepliken folgen, Diskussionsstränge, die sich bis heute durch die philosophischen Blätter ziehen. Searle hat einen empfindlichen Nerv getroffen. Heute an der Universität Berkeley tätig, verschleppt er Anfang der 80er Jahre die KI in die Abgründe der Philosophie und lockt deren Vertreter, aber auch sich selbst, auf das schlüpfrige Eis der Erkenntnistheorie. Eigentlich nicht ihr Gebiet – gerade die Amerikaner tun sich schwer mit Diskussionen, die an abendländische Denktraditionen anknüpfen – ist man nun endgültig auf dem weiten Feld von Sinn und Sein angelangt. Dieser Acker, so beschwerlich er auch zu bestellen ist, wird im Folgenden gepflügt werden müssen. Letztlich geht es nämlich darum, ob der menschliche Geist Produkt eines formalen Prozesses ist, der unabhängig von seinen biologischen Ursachen existieren kann.

Kann ein Computer (jemals) Bedeutungen verstehen? Oder ist die wichtigere Frage: Muss ein Computer Bedeutungen verstehen, um als intelligent zu gelten? Searle meint: „Niemand wird annehmen, dass die Computersimulation eines Feueralarms die ganze Nachbarschaft niederbrennen oder die Computersimulation eines Regenschauers uns völlig durchnässt zurücklassen wird. Warum sollte man dann aber annehmen, dass eine Computersimulation des Verstehens wirklich etwas versteht?" Searles Intentionen sind klar: Er will einen großen Unterschied zwischen Pflanzen, Computern und Menschen zeichnen, den er „ursprüngliche Intentionalität" nennt. So schillernd der Begriff vielleicht klingt, auch er ist nicht neu und geht auf den Priester und Philosophen Franz Brentano zurück, der Mentales, Psychisches vor dem Physischen auszeichnen wollte. Das Denken ist nach Brentano in der Lage, sich auf ein Objekt auszurichten. Mentale Akte und Zustände wie Wahrnehmen, Erinnern, Glauben, Wünschen und Befürchten sind auf etwas gerichtet, handeln von etwas. Damit kann das Denken, so Searle im Anschluss, nach außen greifen und das Äußere erfassen, nicht aber ein auch noch so komplexes Rechenprogramm. Zudem leugne eine Ansicht, die das Denken in den Computer packen will, die notwendigen biologischen Grundlagen des Vorgangs „Denken". Kurz: Ohne Biologie kein Verstand. Die entscheidende Frage, die nun wiederum Searle gestellt werden muss, ist die nach seinem Urstoff, der die Intentionalität hervorbringt. Sein biologischer Naturalismus ist zwar sympathisch, denn geistige Ereignisse gehören zu unserer biologischen Naturgeschichte wie unsere Verdauung oder die Enzymsekretion, erklärt aber nicht, wie das Hirn den Geist und damit die ominöse Intentionalität schafft. Searle mag sich partout nicht mit dem Gedanken anfreunden, dass Materie und Geist in der Wechselbeziehung stehen, in welcher jedes geistige Phänomen auf einem materiellen Prozess beruht. Am Ende bleibt unklar, was sein Konstrukt der intrinsischen Zustände von dem der „Seele" unterscheidet.

Reduziert man die Argumente Searles dessen ungeachtet auf

ihren Kern, dann kommt man letztlich bei der Behauptung an, dass ein Computerprogramm kein Bewusstsein produzieren kann. Aber wer maßt sich an, das so genau festlegen zu können? Wer kann denn überhaupt beurteilen, ob ein lebendes oder künstliches System einen internen Zustand aufweist, den man als „bewusstes Verstehen“ kennzeichnen muss? Sitzen wir eventuell alle, jeder für sich, in einem chinesischen Zimmer? Das Problem ist doch, dass wir ja nicht mal sicher sein können, ob ein anderer, uns gegenüber stehender Mensch Bewusstsein hat. Es erscheint uns nur als die vernünftigste, sehr nahe liegende Annahme, weil wir den Ballast (oder sagen wir lieber Vorteil?) des subjektiven Empfindens mit uns herumtragen. Die Crux der subjektiven Erfahrung ist zugleich ihr größter Vorteil: In diese Sphäre kann uns niemand reinreden, jeder hat sie ganz für sich allein, denn nur in seltenen Fällen kommt es zu dem, was meist abwertend als „paranormale Zustände der Synchronizitäten“ bezeichnet wird.

Searles Gedankenexperiment schwächelt aber noch an einer anderen Stelle. Seine Prämisse ist nämlich, dass ein fester Satz von Regeln existieren kann, nach dessen Befolgung er, gemütlich in dem Zimmer sitzend, die für ihn bedeutungslosen Schnörkel entziffern kann. Aber ist so ein Satz von Regeln überhaupt realisierbar? Es sieht nicht so aus: Ein halbes Jahrhundert linguistische Forschung zeigt deutlich, dass allein auf Basis von syntaktischer Bearbeitung keine sinnvollen Antworten gegeben werden können. Der Kartenstapel in Searles Zimmer muss erst noch erfunden und layoutet werden – und die Chancen dafür stehen schlecht.

## Ein Stammhalter wird geboren

Noch einmal zurück in die Geschichte. Claude Shannon, der bereits erwähnte Vater der Informationstheorie, holt 1953 zwei Männer zu sich in die Bell Laboratories: Marvin Minsky und John McCarthy. Hier stehen sie nun, die ersten Männer, die von Elektronik, Kybernetik, Informationstheorie und Gehirnfunktionen wissen und verdammt heiß sind, irgendwas damit anzufangen – es entsteht die Keimzelle der KI. Shannon hatte ab 1950 vorsichtige Überlegungen darüber angestellt, dass ein zukünftiger, wirklich starker Computer in der Lage sein könnte, Teile der menschlichen Wahrnehmung zu simulieren. Aber die jungen Wilden wollen mehr, sie wollen eine Intelligenz bauen, und sie scheuen sich nicht, dies auch offen zu sagen. Drei Jahre später ist es so weit. Das Team um Shannon holt sich den IBM-Rechnerexperten Nathaniel Rochester ins Boot und stellt bei der Rockefeller-Stiftung einen Antrag auf die Finanzierung einer Konferenz. In der Einleitung zum Förderungsantrag heißt es:

„Wir schlagen eine zweimonatige Untersuchung der Künstlichen Intelligenz durch zehn Personen vor, die während des Sommers 1956 (...) durchgeführt werden soll. Die Untersuchung soll auf Grund der Annahme vorgehen, dass jeder Aspekt des Lernens oder jeder anderen Eigenschaft der Intelligenz im Prinzip so genau beschrieben werden kann, dass er mit einer Maschine simuliert werden kann."

Dem Antrag wird stattgegeben. Künstliche Intelligenz? Nicht erschrecken, aber der schillernde Modebegriff des Informationszeitalters kann auch als schlichter Übersetzungsfehler interpretiert werden. Im Dartmouth College, einer noch heute existierenden ländlichen Universität im Herzen von New Hampshire, USA, treffen sich 1956 die Wissenschaftler, um über Gegenwart und Zukunft von Rechenmaschinen zu diskutieren. Das Klima ist mit dem der Internet-Euphorie der späten 90er Jahre zu vergleichen: Ein Medium für die Lösung (fast) aller Probleme ist in Sicht. Ebenfalls 1956 wird der Nobel-Preis an die Erfinder des Transistors vergeben, Noam Chomsky arbeitet an seiner theoretischen Betrachtung der Sprache und geht davon aus, dass eine symbolische Ebene die Betrachtung höherer mentaler Funktionen wie Problemlösen, das Bilden von Begriffen und Planen ermöglicht. Die Welt im Aufbruch! Ach ja, im selben Jahr wird der erste Besuch einer schwarzen Studentin auf der Universität von Alabama von weißen Studenten verhindert.

Alan Turing ist in Dartmouth nicht anwesend, sein Geist

schwebt aber durch die Räume des College und beseelt diejenigen, die heute als die Gründungsväter der KI gelten: McCarthy, der die Konferenz organisiert hat, der extrovertierte Minsky, der sich in den folgenden Jahren zum Propheten eines neuen Zeitalters aufschwingen wird, Allen Newell, ein Physiker und Mathematiker, der für die Rand Corporation tätig war, und der Politikwissenschaftler und spätere Nobelpreisträger Herbert Simon. Die Herren vor Ort sitzen zwei Monate zusammen und beackern das unentdeckte Feld eines neuen Forschungszweigs: problemlösende Computer, Mustererkennung, Spieltheorie, Rechner, die mathematische Theorien beweisen sollten. Kurzum, man dachte, man denkt über denkende Maschinen nach.

Konferenzleiter John McCarthy fühlt sich inspiriert, den Begriff der „Artificial Intelligence“ als neues Phänomen in die Welt zu tragen. Natürlich ist ihm die Zweideutigkeit des Begriffs „Artificial Intelligence“ bekannt. „Artificial“ ist nicht zwangsläufig unserem „artifiziell“ gleichbedeutend. Was einige der Väter der KI in den Vordergrund stellen wollen, ist der „technische“ Aspekt einer zukünftigen Forschungsrichtung, nicht der künstlerische. Die CIA wiederum ist sicher nicht die Zentralagentur für Intelligenz. „Intelligence“ ist nicht zwangsläufig gleichbedeutend mit „Intelligenz“, sondern war damals als Informations- oder Datenverarbeitung gedacht. „Artificial Intelligence“ hätte also durchaus als „technische Informationsverarbeitung“ interpretiert und übersetzt werden können. Zu spät, die Begriffe AI und KI waren geboren und damit auch ein suggestives Potential freigesetzt, welches weit über den Plan der Teilnehmer hinausging, Rechner so zu programmieren, dass sie in einzelnen Bereichen der menschlichen Intelligenz ebenbürtig sein könnten. Ab jetzt geht es in der Vorstellung der Öffentlichkeit bei KI um den Nachbau der humanen Spezies. Und einige Vertreter des neuen Forschungszweiges tun wenig, um die damit in Zusammenhang stehenden Bedenken und Ängste zu zerstreuen.

Wühlt man sich weit in den Boden der KI hinein, erschnuppert man die zwei Grundpfeiler, auf denen die neue Disziplin steht:

Funktionalismus und Symbolverarbeitung. Keine Angst vor großen Begriffen, sie sind einfach zu erklären: Die frühen Macher der KI gehen davon aus, dass Intelligenz und Wahrnehmung auf der Ebene von rechnerischen Prozessen studiert werden können, ohne die darunter liegende Struktur berücksichtigen zu müssen. Es ist völlig egal, welche Einheit da vor sich hin werkelt: ein Computer, ein Mensch oder ein Stück Leberwurst, solange es in der Lage ist, die nötigen Rechenschritte zur Lösung eines Problems durchzuführen. Dies ist der Bodensatz der noch heute gängigen strikten Trennung von Hard- und Software.

Dazu behilft man sich mit folgender Analogie, die sich in den 50er Jahren zunächst in Wissenschaftskreisen, später auch in der Öffentlichkeit durchsetzt: Die Gehirne von Briten und Japanern sind vom Aufbau her nicht unterscheidbar, trotzdem sprechen sie unterschiedliche Sprachen und haben extrem unterschiedliche soziale Systeme aufgebaut. Woran liegt das? Ganz einfach: Wenn es nicht an der Hardware (dem Gehirn) liegt, muss die Software (das Denken) der Grund sein.

Die Scientific Community ist begeistert. Die Psychologie, gründlich übersättigt von der behavioristischen Schule, stürzt sich auf die neuen Begriffswelten. Ach so ist das also, menschliche Wahrnehmung ist Informationsverarbeitung, Waaahhhnsinn. Der Mensch, er speichert Informationen auf seiner internen Festplatte, dem Hirn, er operiert mit Symbolen, kopiert hin und her, und ruft sie wieder in seinen Arbeitsspeicher zurück. Endlich ist man weg vom simplen Reiz-Reaktions-Schema, welches den Menschen als Black Box betrachtet hatte. Der mit den Hunden speichelte, Pavlow, hatte noch gezeigt, dass Reflexe gelernt werden können. Daraus entstand langsam der Behaviorismus: Innere „psychische" Zustände, das waren aus dieser Sicht unwissenschaftliche Artefakte, denn sie waren nicht beobachtbar. Es zählte nur das, was man durch messende Beobachtung von außen erfahren kann, jedwede Introspektion wurde abgelehnt, und so entwickelte sich ein starker Zweig der Wissenschaft, der das eigene Erfahren verwarf. In Reinform versteifte sich diese Wissenschaft darauf, dass jedes Verhalten als Reaktion auf einen von außen kommenden Reiz zu interpretieren sei.

In Wirklichkeit, so nun die damals neue Annahme, welche durch die junge KI lanciert wurde, funktioniert der Mensch komplexer. Die Black Box wurde aufgeschraubt und plötzlich war klar: Der Mensch gewinnt Informationen über Sensoren (Auge, Tastsinn, Geruch, etc.), speichert sie bei Bedarf, verarbeitet sie über einen ablaufenden inneren Algorithmus, dabei wird auf ältere Information zurückgegriffen und dann wird ein Output in der realen Welt erzeugt. Das Bild des Menschen als informationsverarbeitendes System war geboren. Aber denkt so der Mensch? Was ist das überhaupt, denken?

Langsam öffne ich die Klappe von dem voluminösen Container, dahinter kommt ein dunkler, warmer Raum zu Vorschein. „Keine Angst", sagt Olaf Jaeckel zu mir. Wieder habe ich mich in die Hände eines Experten begeben, dieses Mal auf dem Gebiet des Nicht-Denkens. Ich steige nackt in das warme Wasser, lege mich hin und schwebe. „Angenehm, nicht?", fragt Jaeckel. Ist es tatsächlich und ich bitte um das Fortfahren. Die Klappe geht zu und endlich bin ich wieder dort, wo ich herkam - im Mutterleib, genauer gesagt, in einer Simulation eines solchen. Es ist still, so still wie noch nie, eine hochgesättigte Salzlösung trägt meinen Körper, macht ihn nahezu schwerelos, und ich sehe nichts, es ist dunkel wie im Bärenarsch. Die Kiste, in der mein Ich sich bald auflösen wird, heißt Isolationstank und wurde in den 50er Jahren von Flipper-Vater John C. Lilly erfunden. Denkt der Mensch, wenn er keinen sensorischen Input mehr erhält? Mit Lilly fragten sich das einige Forscher damals, das Schwebebad diente als Teststation für Lillys Hypothese, dass das Hirn auch ohne äußere Einflüsse arbeitet.

Und wie!, muss ich leider feststellen. Das ewig rappelnde Laufwerk, der unablässig brummelnde Dynamo, die Maschine mit 24-Stunden-am-Tag-Arbeitsvertrag, sie kann nicht loslassen. Es gibt nichts zu tun, nichts zu leisten, trotzdem laufen Bilder vor meinen Augen, das Gestern ist nie vorüber, das Morgen will bedacht werden, nur der Moment ist nicht zu fassen. Wie viel Zeit ist vergangen, was muss ich tun um hier zu entspannen? Langsam falle ich, wie Butter in der Pfanne zerfließen die Hirngespinste. Denken, das ist doch immer Nach-Denken, ein Stück hinter dem Ereignis her sein. Aber ist es möglich, bewusst an nichts zu denken? „Nur mit viel Übung", wird Olaf Jaeckel mir später erklären. Das scharfe Schwert der Erkenntnis weicht in der Salzlösung auf, übrig bleibt eine Mischung aus dem Brei des Ununterscheidbaren und dem Aufgehen im All-Einen. Ist das jetzt schon eine spirituelle Erfahrung? Denken verursacht Begriffe, die aber zerstören das warme Gefühl. So bleibt nur, sprachlos den Gesamtzusammenhang zu erfühlen. Ich versuche es mit einem Poem, denn das tastet sich in diese Richtung. „Willst du viel, spül mit Pril." Hilfe, ich werde die Prägungen der Konsumgesellschaft nicht los. Trotzdem schön hier, so ruhig, ich will nicht runterkommen von diesem Trip. Aber die Lampe geht an, ich muss raus, die Zeit ist um, duschen.

Oben wartet mein persönlicher Dr. Jaeckel mit Tee. Er ist Inhaber des Entspannungs-Tanks, der erst Mitte der 70er Jahre in Deutschland und Europa bekannt wurde. Heute existieren Hunderte solcher spirituellen Badewannen in Deutschland, einige sind in Kurzentren und bei Heilpraktikern zugänglich. Im Rahmen der Wellness-Welle erleben sie eine Renaissance, sind sie doch einer der wenigen Orte, an denen man für nichts und niemanden erreichbar ist.

„Sprache ist für uns ungefähr das, was Wasser für einen Fisch ist. Wir tummeln uns in ihr ohne sie zu bemerken. Nicht nur unser Denken wird maßgeblich durch die Sprache bestimmt, dies gilt natürlich auch umgekehrt", sagt er. Und?, frage ich. „Über die Sprache wird in der westlichen Welt das Denken in Gegensätzen forciert. Aufgabe der Wissenschaft scheint noch immer die Aufspaltung in einen Beobachter und das zu Beobachtende zu sein." Ich ahne, worauf er hinauswill. Der Dualismus von Subjekt und Objekt ist allen Menschen mit kontemplativer Erfahrung ein Gräuel, geht es doch in den von ihnen geliebten Meditationen gerade darum, die Chimäre dieses Dualismus zu erkennen, der nichts als ein Konstrukt des rationalen Verstandes ist. „Wir, die Welt, ist aus dem Material beschaffen, mit dem sie sich selbst beschreibt", erzählt Jaeckel weiter, „dazu muss sie sich immer aufspalten, und zwar in einen Zustand, der sieht, und einen Zustand, der gesehen wird. Es ist doch ganz klar, dass sie in diesem Zustand immer nur einen Teil von sich selbst sehen kann." Ich staune. Dieser Mann scheint mir einen anderen Zugang zum Denken zu bescheren, es riecht ein wenig nach den Weisheiten aus Fernost. Aber wie, so frage ich weiter, denkt nun der Mensch: in Symbolen? „Versteht man unter Denken allein das rationale Erkennen, dann trennt sich der Denkende vom Objekt und bleibt zu einem Teil blind. Ob Physik, Mathematik oder Künstliche Intelligenz, die meisten intellektuellen Disziplinen des Westens beschäftigen sich nicht mit der Welt an sich, sondern eben mit dieser von Ihnen angesprochenen, wenn Sie denn so wollen, symbolischen Repräsentation."

Zeitlos war es, nun ruft die Straße. Adventszeit, auf dem Hamburger Michel steht in klarer Kälte ein Trompeter und spielt ein Ave-Maria. Natürlich ist eine Landkarte nicht das Territorium selbst, ein Bild vom Mond ist nicht der Mond. Aber wie sonst, wenn denn nicht mit Begriffen, denke ich? Langsam wächst mir die Sache über den Kopf, ist dieser erkenntnisphilosophische Abstecher gar eine Sackgasse? Nein. Aber was bleibt? Ein Problem entsteht anscheinend dann, wenn man dauerhaft die Symbole der Wirklichkeit mit der Wirklichkeit selbst verwechselt. Bestenfalls stellen Symbole ein Faksimile der Realität dar. An dieser Stelle liegt der Übergang in die Welt der Vergeistigung, in der nur noch dürre Abstraktionen sich gegenseitig erklären. Aber jeder Mensch ist in der Lage, die zweite Weise der Erkenntnis zu aktivieren. Dazu braucht man nicht durch esoterische Gewässer nach Osten zu segeln. Spinoza spricht von Intellekt und Intuition, Alfred North Whitehead, der mit Russell zusammen die „Principia Mathematica" verfasst, betont ebenfalls, wie wichtig es ist, diese beiden Weisen des Erkennens auseinander zu halten. Auch Abraham Maslow, Psychologe und Architekt der Bedürfnispyramide, will zwischen intellektuellem und Verschmelzungs-Wissen unterscheiden.

Der von Turing gelesene Eddington spricht desgleichen von dieser Weise des Erkennens, bei welcher der Geist die Verschmelzung mit dem beobachteten Gegenstand sucht. Er nennt die beiden Arten des Erkennens symbolisch und intim: „Die üblichen Formen der Verstandestätigkeit dienen allein dem symbolischen Erkennen. Das intime Erkennen bietet keinen Ansatzpunkt für Kodifizierung und Analyse. Vielmehr: Wenn wir es zu analysieren versuchen, geht die Intimität verloren, und an ihre Stelle tritt wieder Symbolik."

Alles gut und schön, was aber hat das mit den frühen Bestrebungen der KI zu tun, intelligente Computer zu bauen? Es ist die Beschränkung auf symbolisches Verarbeiten, ob man dies nun mit dem Begriff „Verstehen" bezeichnen will oder nicht. Der dualistisch geprägte Mensch hat, glaubt man den Traditionen der ganzheitlichen Philosophie, nur schwerlich Zugang zur intimen Weise des Erkennens. Aber letztlich nur, weil er oder sie einen Sack von Direktiven mit sich rumschleppt, die jedes nicht duale Erleben sehr kurz nach dem Auftritt auf ein begriffliches Niveau einebnet. Im Grund sind wir als Teil der Welt dieser untrennbar verbunden, nur der Verstand zieht Grenzen, wo keine sind. Abseits kontemplativer Techniken merken wir das doch immer am deutlichsten dann, wenn eine Handlung erst gar nicht die Prozedur des Denkens durchläuft, sondern spontan abläuft. Das ist dann der Fall, wenn eine Emotion so kräftig durch den Körper gespült wird, dass die Superinstanz „Hirn" erst gar keine Zeit hat, ihren Senf dazuzugeben. „No brain, no pain", dass ist nicht nur die Freiheitsparole des tibetischen Lamaismus, sondern die Grundlage jeder intimen Liaison. Wer denkt schon nach beim sinnlichen Nehmen und Geben von Zärtlichkeiten? Spätestens mit Beginn des Vorspiels sollte das bewusste Überdenken der Situation keine Rolle mehr spielen.

Die Väter der KI aber, wahrlich keine Hippies, übersetzen ihre eigenen, internen, rationalen Symbolstrukturen in die Sprache der

Software. Aber kann ein Programm die zweite Weise des Erkennens praktizieren? Kann es sich in die Dinge hineinversetzen, mit ihnen verschmelzen? Diese Fähigkeit ist sicherlich Bestandteil der Intelligenz des Menschen. Zugespitzt gefragt: Muss ein PC meditieren können, um intelligent zu sein? Ganz ernst ist diese Frage nicht gemeint, sie trifft den Kern nur dort, wo Erbauer von Künstlicher Intelligenz von der Prämisse ausgehen, dass die Duplizierung von Symbolstrukturen eine ausreichende Bedingung für den Bau eines künstlichen Menschen – und zwar in seiner Gesamtheit – ist.

Hat man einmal die Dualismen am Wickel, sieht man sie überall. Ist es dualistisch zu behaupten, dass beim Denken zwei Ebenen existieren? Die eine bestimmt das subjektive Erleben, die andere zeigt die objektiven Ereignisse im Körper? Nein, dualistisch wäre es nur, wenn behauptet wird, nur eine Ebene entspräche der „Wahrheit". Denn wieder gilt: Beide Ebenen sind nicht nur gültig, sie hängen untrennbar zusammen. Aus dieser Perspektive kann die gesamte Diskussion um den ontologischen Dualismus, die Frage nach dem zweiwertigen Sein der Dinge, recht zügig vom Tisch gefegt und in den Mülleimer falscher Fragen geworfen werden.

Die Trennung von Geist (Software) und Gehirn (Hardware) findet sich auf der Ebene der uralten Streitfrage nach dem Grundstoff des Universums wieder. Sind da nichts als Atome, die unser Denken, unseren Geist durch ein kompliziertes Zusammenspiel hervorbringen? Oder, so die Gegenseite, existieren alle Empfindungen von „Materie" ausschließlich in irgend jemandes Geist? Der Idealist spricht: „Materie ist eigentlich nur eine Idee!" Der Materialist entgegnet: „Ideen sind eigentlich nur Materie!" Der Idealist: „Aber wo hat der Eindruck der Materie denn seinen Ort? Natürlich im Bewusstsein!" Der Materialist: „Wo kommt Bewusstsein denn überhaupt her? Natürlich aus den Prozessen des Gehirns!" Wie denn nun? Zuletzt macht sich die Quantenmechanik auf die Suche und entdeckt beides – oder nichts, je nachdem. Welle, Teilchen, alles beobachterabhängig, es wird seitdem gestritten, welche Auswirkungen das auf den Alltag hat. Ganz weit unten, so kann man es vielleicht formulieren, ist weder Geist noch Materie. Physiker wie Erwin Schrödinger klingen auf einmal wie Baghwan, wenn sie behaupten, dass die Schranke zwischen Subjekt und Objekt nicht zu durchbrechen ist, weil sie nicht existiere. Psyche/Körper, Geist/Materie, Subjekt/Objekt, alles nur zwei Seiten einer Medaille.

Um es deutlich zu sagen: Die Urväter der KI sind im Labor strikte Materialisten – sie wissen es nur nicht, oder besser gesagt, es ist ihnen egal. Unbeeindruckt von abgehobenen Perspektiven, sehen sie vor allem, was die praktisch orientierte Industrie zu leisten vermag. Texas Instruments stellt 1954 Transistoren zum Stückpreis von nur 2,50 Dollar her, und behauptet kühn, damit den „elektronischen Gehirnen sehr viel näher" gekommen zu sein. Im selben Jahr wirft Regency Electronics das Transistorradio zum Preis von 50 Dollar auf den Massenmarkt. Ein neues Zeitalter ist angebrochen. Im Jahre 2001 werkeln rund 7,2 Milliarden Mikroprozessoren in unterschiedlichsten Gerätschaften dieser Welt. Davon treibt nur ein geringer Anteil von etwa zehn Prozent die Computer an. Der weitaus größere Teil ist in Handys, Waschmaschinen, Satelliten, Flugzeugen integriert und dient der Maschinensteuerung.

Bereits 1957 wird die Programmiersprache FORTRAN entwickelt, 1960 folgt LISP. Entwickelt von John McCarthy, wird LISP zu *der* Sprache für KI-Anwendungen. Und so weiter und so fort. Sollten hier die gesamten Leistungen der neuen Branche, pardon, Forschungsrichtung aufgezählt werden, würde die Reise lange dauern und langweilig werden. Darum sei der Überflug gestattet. Stellvertretend seien zwei Gebiete herausgegriffen, auf denen die KI ihren frühen Erfolge feiert und später herbe Rükkschläge hinnehmen muss: Problemlösungen und Sprachübersetzungen. Bereit?

Das erste KI-Programm entsteht 1955. Herbert Simon und Allen Newell schreiben zusammen mit John Shaw eine Software, die logische Probleme lösen soll, den „Logic Theorist". Zunächst denken sie wieder an ein Schachprogramm, was ihnen aber zu kompliziert erscheint. Simon hat eine Ausgabe der „Principia Mathematica“ von Bertrand Russell und Alfred North Whitehead zu Hause im Regal stehen und greift zu. Mutig füttert er einen präparierten Rechner mit einer kniffligen Aufgabe, er soll ein relativ einfaches der insgesamt 52 Theoreme aus Kapitel 2 des voluminösen Werks lösen. Das Programm knackt die Aufgabe tatsächlich. Die Männern geben das nächste Rätsel ein, welches – auf Basis des gelösten ersten Theorems – wiederum gelöst wird. Kurz darauf steht die Fachwelt Kopf: Der „Logic Theorist“ beweist 38 der 52 Theoreme! Dafür hätte ein Logiker Jahre gebraucht. Der Clou: Eine Theoremlösung war sogar erheblich kürzer und eleganter als die von Russel und Whitehead erdachte.

Es folgen weitere KI-Happenings, die die grundsätzliche technische Machbarkeit aufzeigen. Allgemeine Problemlösungen theoretischer und spielerischer Natur stehen auf der Agenda, und nicht ganz zufällig bringen Newell und Simon 1957 ein Programm mit dem bescheidenen Titel „General Problem Solver“ in den bunten Zirkus der Wissenschaft ein. Ihre Annahme lag auf der Hand: Wenn schon so hochtheoretische Aufgaben wie das Lösen mathematischer Gleichungen durch eine Software zu bewerkstelligen ist, dann müssen so einfache und praktische Aufgaben wie beispielsweise ein Einkauf bei Aldi, die Planung einer Flugreise oder die Simulation des „Gard-Haar-Studios“ ebenso möglich sein. Um es vorweg zu nehmen: Das klappt bis heute kaum. Obwohl technische Systeme Mondfähren zum Landen bringen, existiert keine KI-Einheit, die Schnürsenkel zu einer Schleife binden kann. Seit den späten 50er Jahren ist ein sich wiederholendes Schema in der KI zu beobachten: Zuerst ein Erfolg bei einfachen Formen der Informationsverarbeitung, worauf sich große Erwartungen anschließen, später das Scheitern an Aufgaben, die intuitive oder alltägliche, vor allem aber realweltlich-körperliche Formen der Intelligenz beinhalten. Es mutet seltsam an, dass gerade die simplen, alltäglichen Fertigkeiten so viel mehr beinhalten, so viel schwieriger zu simulieren sind als der abstrakte, logische Raum, der gemeinhin als Domäne der wahren intellektuellen Leistung, der echten Geistesgröße gilt.

Die Programmierer des General Problem Solver dachten nicht daran, dass der Mensch selbst bei simpelsten Alltagsaufgaben diverse Parameter berücksichtigt, ohne sich dessen bewusst zu sein. Ein Beispiel: Stellen sie sich eine KI-Einheit vor, ob nur im PC simuliert oder als Roboter in der Realwelt ist für dieses Beispiel egal, die im Auftrag der amerikanischen Regierung mit einem Geldkoffer von Islamabad nach Kabul fliegen möchte, um die neuen Herrscher gefügig zu halten. O. k., unrealistisches Beispiel, machen wir es einfacher. Ein virtueller Vertreter der Politprominenz sucht nach einer durchzechten Nacht den Ausgang aus dem Bordell. Zu fiktiv? O. k., eine Simulation mit dem Namen König Kurt will von Ikea in ein anderes, 20 Kilometer entferntes Möbelhaus.

Was braucht er, fragen sich Newell und Simon? Zunächst einen Plan, ein gezieltes Vorgehen, das ihn vom Ausgangspunkt ans Ziel bringt. Dafür wird die Distanz zwischen Ausgangs- und Zielpunkt gemessen, dann eine Operation gewählt, die ihn näher ans Ziel bringt. Bevor die Operation angewendet wird, müssen allerdings gewisse Vorbedingungen erfüllt sein. Wenn die Operationsanweisung beispielsweise Kurt ins Auto setzt, muss er erst einmal zum Auto kommen. Bevor Kurt allerdings zu seinem Auto kommt, muss wieder eine Vorbedingung erfüllt sein, der Plan braucht einen Unterplan und der könnte heißen, „zum Auto gehen". Wiederum müssen Bedingungen erfüllt sein, um das zu leisten, und so weiter und so fort. Der General Problem Solver, viele der frühen KI-Anwendungen und eben auch Schachprogramme wie Friedels Fritz gehen nach dieser baumförmigen Entscheidungsstrategie vor. Schon auf einem nur 8 x 8 Felder großen Raster führt das zu kombinatorischen Explosionen, die nur durch schnelle Rechner zu bewerkstelligen sind und trotzdem nicht das ganze Spiel vorhersehen können. Selbst wenn man ein Raster für die Realwelt viel enger strickt, bleiben selbst bei einfachsten Aufgaben enorm viele Pläne zu berücksichtigen. Wenn ein Plan nur zehn Verzweigungen aufweist und an jedem dieser Verzweigungspunkte gibt es zwei Möglichkeiten, beispielsweise „Gehe zu Fuß zum Auto“ oder „Lass dich von deiner Frau tragen“, existieren $10^2$ oder eben 100 verschiedene Pläne. Bei komplexeren Aufgaben explodiert dieser Zahlenraum ins Unermessliche. Rund zehn Jahre später, 1967, erklärt Newell das GPS-Projekt für beendet. Schon ein Jahr vorher waren alle US-Fonds für die automatische Übersetzung von Texten eingestellt worden.

Die archaischen Ansätze der KI bringen aber nicht nur Misserfolge, im Gegenteil. Dort, wo man sich auf enge Aufgabenstellungen beschränkt, zeigt die Wissenschaft von den intelligenten Systemen ihre wahre Stärke. Heute heißt so was „Expertensystem“. In der Medizin geben diese Programme interaktive Entscheidungshilfen. Dies reicht von der EKG-Beurteilung bis hin zum kompletten internistischen Labor. Zwar schlägt auch in diesem Bereich die Anfangseuphorie so hohe Wellen, dass man glaubt, die umfassenden Fähigkeiten eines Arztes durch maschinelle Intelligenz ersetzen zu können. Es setzt sich aber die Ansicht durch, dass es ausreichen muss, wenn Diagnoseprogramme dem Arzt helfend zur Seite stehen.

Die Übersetzung von Sprache ist ein weiteres Experimentierfeld der frühen KI. Sprachübersetzungen durch ein Programm sind zwar seither ein beliebtes Beispiel für unfreiwillig produzierte Humoresken und bekannt aus den Handbüchern fernöstlicher Technikprodukte, gleichwohl ist es heute durchaus möglich einfache Sätze von einer Sprache in die andere zu übertragen. Dies gelingt seit Beginn der Forschung vor allem da, wo die Aussagen eindeutig sind. Die Übersetzung von technischen Dokumenten ist daher eine bis heute wichtige Domäne der KI. Nennt aber ein Mann seinen Bekannten beim Skatspielen nach gekonnter Finte „du Sau“, dann weiß dieser, wie dies zu nehmen ist. Der Computer muss zunächst anfangen nachzuprüfen, welchen Sinn die Ansprache als weibliches Schwein in diesem Fall macht oder ob hier eine Beleidigung vorliegt. Der Bedeutung von Sinn, die Semantik, wird von den Pionieren der KI total unterschätzt, sie hoffen, schon innerhalb der 60er Jahre vollautomatische Dolmetscher in den Büros dieser Welt sitzen zu haben.

Der Übersetzungswissenschaftler Peter A. Schmitz von der Universität Leipzig sieht keine Chance, den menschlichen Übersetzer in absehbarer Zeit komplett zu ersetzen. „Auf der anderen Seite deckt ein Computer aber auch durch seine Schnelligkeit einen ganz anderen Bedarf ab. Mit maschineller Übersetzung werden nur Sachen übersetzt, die extrem kurzfristig erledigt werden müssen." Ein Humanübersetzer, so Schmitz, kann heute aufgrund seiner Langsamkeit nur noch über die Qualität konkurrieren. Das zu Grunde liegende Problem sei, dass man noch viel zu wenig darüber wisse, wie Sprache im Menschen funktioniere. In Deutschland gilt „Verbmobil" als großartig gescheitertes Projekt der Translationswissenschaft. Vom Bund mit kernigen 57 Millionen Euro unterstützt, erhofften sich die Entwickler am DFKI (Deutsches Forschungszentrum für Künstliche Intelligenz) in Kaiserslautern eine Anwendung, die Telefongespräche nahezu in Echtzeit übersetzt. Von 1993 bis 2000 verbrieten die Entwickler nicht nur das Geld vom Bund, sondern noch einmal 25 Millionen Euro von privaten Investoren. Im idealen Fall, und das heißt bei langsamer Sprache und wenig Zweideutigkeiten, übersetzt das System 70 Prozent der gesprochenen Sätze vom Deutschen ins Englische. Heute steht es im Heinz-Nixdorf-Museum, nur Teile des Systems leben in Produkten beteiligter Unternehmen weiter. 50 Jahre nach dem verheißungsvollen Beginn der Sprachübersetzung üben sich die Verantwortlichen in Demut: „Es ging nicht direkt um die Schaffung marktfähiger Produkte, es galt, Know-how aufzubauen", sagt Reinhard Karger, Leiter der Projektmanagementgruppe am DFKI.

Fast zwei Jahrzehnte lang gehen die Fortschritte im Bereich der KI auf die Arbeit der Mitglieder der Dartmouth-Konferenz oder ihrer Studenten zurück. Zunächst nur im Kreis weniger bekannt, mausert sich die KI zum massiv geförderten Forschungsgebiet. In den 50er und 60er Jahren pumpt das amerikanische Verteidigungsministerium Millionenbeträge in die Sprach- und visuelle

Szenenanalyse. Die eigens gegründete „Advanced Research Projects Agency" (ARPA) unterstützt auch den Datenaustausch unter Computern, aus dem ARPANET wird später das Internet. Erst in den 70er Jahren kristallisiert sich die wahre Domäne des cleveren Computers heraus. Er unterstützt den Menschen dabei, sich selbst überflüssig zu machen. Analysen und Synthesen in der Chemie, die erwähnte medizinische Diagnostik und Therapie, Prospektion in der Mineralogie, Konfiguration und Fehleranalyse technischer Systeme – dort, wo ein Programm aus unübersichtlichen Datenmengen die relevanten Informationen zieht, wird es für den Menschen wertvoll. Dort, wo die Ansprüche gering sind, verzeichnet man die größten Erfolge.

Die Bedeutung der Information, das zeigt sich dabei in der Praxis immer wieder, die steuert allerdings der Benutzer bei. Greifen wir das Beispiel des Blinden mit seinem Stock noch einmal auf. Ersetzt man den Stock durch einen computergestützten Sensor, der visuelle und haptische Signale an den Blinden weitergibt, dann wird ein Kernproblem Künstlicher Intelligenz deutlich: Ohne den Menschen in der Schleife ist das Signal wertlos, mithin keine Information. Die Sensorsignale, intern vom Programm in Symbolen verarbeitet, sind nur auf zweierlei Weise definiert – durch ihre Beziehung zu den anderen Symbolen und durch den Prozess, den sie im Interpreter durchlaufen. Ihre Beziehung zur äußeren Welt ist unklar und wird bis in die 90er Jahre kaum diskutiert.

Zur Verdeutlichung: Stößt des Blinden Sensorstock an einen Tisch, sagt der Rechner „Tisch", denn er hat schnell mit seiner Datenbank abgeglichen, was für ein Objekt dort angestoßen wurde. Nimmt man den Blinden aus dem Informationskreislauf heraus, bleibt nicht viel als ein PC mit Sensor, der mit den Daten wenig anfangen kann. Das Verwenden von internen Symbolen im Rechner ist nur so lange kein Problem, solange er in einen menschlichen Interpretationsvorgang eingebunden ist. Verquickt man den Intelligenzbegriff mit dem Begriff der Autonomie, das heißt der Fähigkeit, sich selbständig in einer sich ändernden Umwelt zu bewegen, dann müsste ein intelligentes System ohne den Menschen zurechtkommen. Die eindeutige Repräsentation der äußeren Welt in der inneren Welt des Rechners aber ist eine harte Nuss. Die Gelehrten der frühen KI sehen den Geist auf dem Monitor blitzen, nicht ahnend, dass erst ihre Interpretation der Ergebnisse den Sinn herstellt. So ist der Rechner vielleicht intelligent, er weiß es nur nicht. In dem Moment aber, wo diese vermeintlichen Intelligenzen autonom in einer realen Welt agieren sollen, sind sie hilflos.

Durchbrüche, Stürze ins Nichts, fassbare Ergebnisse, unfassbare Spinnereien – die Wissenschaft von den softwaregetriebenen, „intelligenten" Maschinen wird zum heiß diskutierten Thema. Da es immer auch um das Selbstbild des Menschen geht schaukeln sich die Diskussionen nicht selten hoch. Irren ist – wie schon gesagt – menschlich. Ist Nicht-Irren deshalb unmenschlich? Diese und ähnliche Ängste schwemmen durch die Gazetten, immer wieder geschürt von den Aussagen einiger Forscher. „KI" wird zum Schlagwort, in seinen Hintergründen oft unverstanden, aber für den Stammtisch geeignet, denn ein neuer Spieler will in die illustre Skatrunde, ein Spieler, der nicht spielt, sondern verdammt schnell rechnet und die Karten seiner Mitspieler nach dem zweiten Wurf kennt. Und schließlich droht sogar die Auflösung der Runde, denn der Tisch muss freigemacht werden für eine neue Spezies, welche die humanen Zocker nur noch zum Bierzapfen gebrauchen kann.

Die Aufgeregtheit um die KI liegt nicht nur in einer falschen Interpretation der Aussagen der Urväter begründet. Selbst genügsame Geister wie Simon und Newell lassen sich vom Enthusiasmus mitreißen, wenn sie schreiben, „Intuition, Einsicht und Lernen sind nicht länger ausschließlicher Besitz des Menschen: Jedem großen Hochgeschwindigkeitscomputer können sie einprogrammiert werden." Auf die Frage, ob Programme denken können, antwortet Simon noch heute: „Das haben sie schon 1955 getan, als ich das erste Programm geschrieben habe, um Probleme zu lösen."

Mein Traum ist kurz und heftig: Schwebend im Weltraum treffe ich auf eine ferne Kolonie der Menschheit, die an der technischen Vollendung ihrer Zivilisation baut. Man lädt mich zum Bleiben ein. Die Raumstation in der Größe des Jupiters ist von einer riesigen, schwarz-weißen Schachbretthülle überzogen. Die Menschen wandern darauf herum, in seltsam festen Bewegungsmustern agierend, fast statisch. Die Prothesentechnik ist so weit fortgeschritten, dass manche Menschen mehr Silizium als Fleisch in sich tragen, „Natur“ im irdischen Sinne ist nicht vorhanden, die Technik regelt das öffentliche und private Leben – und zwar komplett. Begeistert weist man mich auf die neueste Errungenschaft hin, deren Einweihung ich beiwohnen darf. Nach langer Arbeit hat man einen Rechner gebaut, der mit allen Computern der Galaxie verbunden ist, deren Rechenkraft vereint und alle Fragen beantworten kann. Dem Leiter des Experiments steht die Ehre zu, den letzten Schalter umzulegen. Eine rote Lampe glimmt auf, das System läuft. „Ich habe nur eine Frage an dich“, spricht der Wissenschaftler den Rechner an. „Gibt es einen Gott?“ Nach kurzer Zeit kommt eine Stimme aus dem Lautsprecher des Rechners: „Ja, jetzt!“ Panisch will der Mann den Stecker ziehen, ein Blitz fährt aus dem Nichts heraus und … ich wache auf.

Der an meinem Körper klebende Schlafanzug sagt mir, dass ich mit dieser Angst nicht weiterleben darf, zudem Kurzgeschichten von Fredric Brown ihre Würze in der Pfanne der Fantasie ausbreiten. Ironie der Historie: Brown schreibt die Vorlage für meinen Traum im Todesjahr von Turing, 1954. Aber bitte keine Zahlenmagie, meine Technik-Phobie muss geheilt werden, damit ich als properer Cybernaut ins neue Jahrtausend starten kann. Ich muss weitersuchen, tiefer in die Urgründe der Intelligenz eintauchen und sogar entschlüsseln, was Mensch und Maschine im Innersten zusammenhält.

Freier Wille: Vermutlich eine Einbildung,
um nicht zu verzweifeln.

*Janosch, „Wörterbuch der Lebenskunst"*

# 3. Alte und Neue Intelligenz

„Kühe, was für Kühe?", fragt der Mann leicht gereizt, wacker Richtung Mensa schreitend. „Kühle, ich meine die herrliche Kühle hier in der Schweiz, nicht die Kühe." „Ach so, und ich dachte Sie reden wie so viele von unseren doofen Kühen hier. Ich kann es nicht mehr hören", beendet er den Satz grinsend. Ein asiatischer Student hält uns die Tür auf, mein Begleiter spricht ihn an: „Du, Hong, schreib mir doch bitte ein Abstract von der letzten Sitzung, zwei, nein, sagen wir drei Sätze." „Gerne", ist die Antwort, wir eilen weiter. Rolf Pfeifer grüßt nach rechts, Rolf Pfeifer grüßt nach links, zwischendurch Namen murmelnd, dann wieder ein „Ach, wie heißt denn der noch mal?". Pasta, Soße, Getränke, ein zügiges „Ich zahle", dann sucht er den Tisch mit den Mitarbeitern und Studenten vom Institut. „Die müssen Sie kennen lernen." Die sind nicht zu finden, wir setzen uns mitten in den Saal, durch die Fenster bricht sich die Sonne über Zürich den Weg.

Institut für Computerwissenschaft, Carnegie Mellon University, Pennsylvania, USA, 1981. Die Abteilung hat ihre besten Zeiten hinter sich; zu groß waren die Versprechungen, intelligente Einheiten konstruieren zu können, zu wenig ist davon eingehalten worden. Vor 20 Jahren, ja, da lief noch alles besser: Die Universität in der Nähe von Pittsburgh gilt als eine der Hochburgen der KI, Regierungsmitglieder lassen sich krabbelnde Roboter zeigen, Industrielle krebsen in der Hoffnung auf lukrativen Spin-off in den Gängen umher. Nun ist der süße Traum vorbei, denn die Computermetapher hat sich als unwirksam erwiesen, eine generelle

Theorie der Intelligenz ist nicht in Sicht, weder für Maschinen noch für den Menschen. Hier lehrt auch Herbert Simon, der seine Arbeit weiter an der symbolverarbeitenden Logik orientiert, die, seiner Ansicht nach, im Menschen wie im Computer wirkt. Im Sommer 1981 sitzt eben dieser Rolf Pfeifer in Simons Seminar, der jetzt mit mir durch die Mensa eilt, als ob eine Schar Androiden hinter uns her ist.

Der Schweizer hat seine Diplomarbeit in der Neutronenphysik abgeliefert, seine Promotion beschäftigt sich schon mit der Computersimulation von kognitiven Prozessen. Dann ruft das Ausland, und er schreibt einfach diejenigen Leute an, die ihm aus der Literatur am interessantesten erscheinen. „Herb" Simon als Grand Old Man der Artificial Intelligence (AI)ist natürlich der Wunsch-Mentor. Der Nobelpreisträger nimmt den jungen Forscher tatsächlich an und diskutiert fast jede Woche eine Stunde mit ihm. „Das war für mich als kleines Würstchen vom Matterhorn natürlich eine Super-Erfahrung."

Der Dialekt Pfeifers steht im fruchtbaren Gegensatz zu seiner Quirligkeit – die Sprache vermittelt Urgemütlichkeit, die Person agile Dynamik. Durch die Nudeln hindurch erzählt er: „Ich erinnere mich an die Zeit, da war es in der klassischen KI verpönt, überhaupt von reellen Zahlen zu reden. Man unterhielt sich in Form von abstrakten Symbolen, welche die Essenz der Intelligenz darstellen sollten." Die Tendenz der theoretischen KI ging eindeutig Richtung einer immer abstrakteren Wissenschaft, während die praktische KI Probleme hatte, Roboter herzustellen, die sich autonom bewegen. Pfeifer: „Viele von uns interessierte damals aber nicht nur das Schreiben von Computerprogrammen, die eine Aufgabe erfüllen, sondern wir wollten etwas über natürliche Intelligenz lernen. Wenn man die klassische KI anschaut, dann erkennt man sehr wohl die wertvollen Beiträge, die sie beispielsweise für die mathematische Logik und die Algorithmik geleistet hat. Aber sie hat sehr wenig zum Verständnis natürlicher Intelligenz beigetragen und stieß aus diesem Grund an eine Grenze. Das hat viele Forscher frustriert."

John McCarthy nannte Computerschach einmal die „Drosophila der KI". Die gequälte Laborfliege bildet noch heute die Grundlage vieler Experimente, deren Ergebnisse den Übertrag auf größere Zusammenhänge überstehen. Ihren Flug von der virtuellen 8 x 8 Felder großen Welt in die Sphäre der realen Intelligenz übersteht die klassische KI allerdings nicht – flügellahm schmiert sie auf halber Strecke ab und landet dort, wo viele hochfliegende Pläne landen – auf dem Boden der Tatsachen. Um es bissig zu formulieren: Das Schachspiel bietet sich für den Beweis einer menschengleichen Intelligenz besonders an, denn wo sonst kann mit so wenig Multivarianz so viel Eindruck geschunden werden? Schon auf einem so begrenzten Claim wie dem Schachfeld entstehen aber, man darf es so sagen, unzählige Möglichkeiten. Schon hier haben Rechner enorme Probleme, auf ihre Weise die Welt zu erfassen – eben zu berechnen. In der Euphorie der frühen KI-Phase denkt kaum jemand daran, wie problematisch es sein wird, wenn Rechner aus der 8 x 8-Domäne ausbrechen und nicht nur mit erheblich mehr, sondern vor allem mit erheblich unschärferer Information umgehen müssen.

Eine Definition von artifizieller Klugheit, die sich allein an dem sichtbaren Verhalten des Artefakts orientiert, sieht die heutige Welt voller maschineller Intelligenz. Ist der Output des Menschen würdig, dann ist das Ding schlau, so einfach ist das. Credo der Umtriebe: „It works." Tut es ja leider nur bedingt, und so sind es Anfang der 90er Jahre zwei Gruppen, die die klassische KI erweitern wollen, die Bastel- und die Theoriewütigen. Während die einen nicht so recht einsehen, warum elektronische Maschinen sich nicht intelligent in der Welt bewegen sollten, stürzen sich die anderen auf die geistigen Grundlagen der klassischen KI. Wo, so ihre Frage, liegen die Fehler? Warum lösen die denkenden Giganten einige Aufgaben so brillant und scheitern an anderen, vermeintlich einfachen alltäglichen Aufgaben? Warum kann ein Roboter keine Straße überqueren und sich dabei noch per Handy mit der Geliebten unterhalten? Und existiert ein Zusammenhang mit dem strengen Rationalismus, bei dem die klassische KI zur Schule gegangen war? Erst Ende der 80er Jahre ist selbst den verbohrtesten Vertretern klar, dass die bisherigen Artefakte, welche ohne den massiven prärationalen Unterbau natürlicher Systeme arbeiten, zwar für spezielle Aufgaben besonders gut geeignet sind, aber erhebliche Schwierigkeiten haben, wenn sie mit interpretationsbedürftigen Eindrücken umgehen müssen. Klar ist: Die Verwendung von Symbolen allein ist nicht hinreichend für das Erzeugen von Intelligenz.

Intelligentes Handeln, so wird damals klar, hat auch etwas mit autonomem Handeln zu tun, der selbständigen Orientierung in der Welt. Also hängte man einem Computer eine Kamera um und versuchte ihn so loszuschicken. Aber, oh Graus, die Abbildung des linsengenerierten Pixelsalats auf interne Symbole scheiterte kläglich. An dieser Stelle tritt Rodney Brooks, heute einer der Stars des MIT, in die Forschergemeinde. Brooks, der schon mal behauptet er sei ein Neffe des Filmregisseurs Mel Brooks, schreibt seine Dissertation im Bereich der Computer-Vision und war so frustriert über die Ergebnisse, dass er mutmaßte, dass der bisherige Ansatz völliger Quatsch sei. In den Fachzeitschriften mehren sich die Beiträge, die mit der klassischen KI hart ins Gericht gehen. Einer der Lieblinge der Szene, Terry Winograd, der mit seinem Kommunikationsprogramm SHRDLU für Furore gesorgt hatte, zeigte es doch die prinzipielle Möglichkeit des Sprechens von Rechnern, kritisierte den klassischen Ansatz scharf. Und William J. Clancey, das immer grüne Blatt am Zweig der medizinischen Expertensysteme, stellt plötzlich generell in Frage, dass der Mensch Symbole verarbeitet. Aber genug des Namedropping.

Die neue Generation von Forschern glaubt, das entscheidende Gebrechen, den Kardinalfehler, den Makel schlechthin in der Wissenschaft von den intelligenten Systemen entdeckt zu haben: Man baut intelligente Maschinen, ohne Intelligenz verstanden zu haben, und mit einer Mischung aus Verzweifelung und Übermut erklärt man sie später – wenn sie denn überhaupt funktionieren – für intelligent. Wie wollt ihr, so die Frage, die den Koryphäen in Carnegie Mellon, am MIT und in Stanford gestellt wird, trotz eines mangelnden Verständnisses natürlicher Intelligenz Maschinen bauen, die so funktionieren wie etwas, das ihr nicht verstanden habt? Das ist Salz in die Wunden der angeschlagenen geistigen KI-Führer und stellt das Programm der generativen Intelligenztheorie in Frage: Das Ziel der klassischen KI ist nämlich nicht der Bau intelligenter Maschinen, nachdem natürliche Intelligenz verstanden wurde, sondern das Verstehen natürlicher Intelligenz durch das Bauen intelligenter Maschinen. Was nun folgt ist der klangvolle Nachhall der ökologischen Protestbewegung im Raum der Computerwissenschaft: „Zurück zur Natur!"

Zunächst geht es zurück in Pfeifers Büro. Fahrstuhl? Zu langsam, also die Treppen hoch. Pfeifer kennt sich aus, wie auch anders, er ist es schließlich, der 1987 das AI-Laboratorium gründet. Die Tür vom Büro steht offen, dass erinnert mich an das gute Gefühl bei meinen Großeltern auf dem Land, wo man das Fahrrad nie abschließen musste. Papier stapelt sich auf Broschüren, Mappen auf Ordnern, Gebundenes auf Losem, zwischendrin Elektroschrott, Schautafeln, Bücher an der Wand, und im Hintergrund brummen wie üblich die Prozessoren- und Netzteillüfter. Der Antriebsstoff bürointerner Kommunikation soll gebraut werden, aber die Kaffeemaschine ist defekt. Also wieder runter, in die Teestube. Begegnungen auf dem Flur, Scherze in Schwitzerdütsch. Zucker, Süßstoff? Ich nehme Zucker, Pfeifer greift lieber zum Pillenspender. „Das können Sie schreiben", feixt er, „Professor für Artifizielle Intelligenz nimmt artifizielle Süße."

Mitte der 80er Jahre fängt die KI noch mal von vorne an. Wie zeigt sich und wie entsteht, so eine der Fragestellungen, überhaupt Intelligenz in der Natur? Man fragt die Biologen und diese geben interessante Antworten. In der Natur kommt es zu intelligentem Verhalten, ohne dass eine übergeordnete Instanz das Verhalten zentral steuert. Aber nicht nur das, auch der Mensch besitzt eine prärationale Intelligenz, die entscheidend dafür sorgt, dass er sich zurechnungsfähig in der Welt bewegt. Die Steuerung des Bewegungsapparates ist maßgeblich von ihr abhängig. Ein gutes Beispiel dafür sind die motorischen Bewegungen eines guten

Skifahrers. Ein Könner denkt in einer Situation nicht mehr nach – dazu bleibt gar keine Zeit. Denken wäre hier Nachdenken, und das provoßiert den Mordsabgang. Im Gegenteil, das bewusste Nachdenken stört den flüssigen Bewegungsablauf nur. Motorik ist aus dieser Sicht eine eigene Form von Intelligenz.

Symbolverarbeitung oder nicht, diese Frage legt die neue Riege der Forscher erst mal beiseite und setzt dafür eine neue Prämisse: Intelligenz ist keine einheitliche, unteilbare Fähigkeit, sondern sie stellt die Summe vieler Einzelfähigkeiten dar. Eine weitere Perspektive wird aus der Evolutionsbiologie aufgenommen: Die Evolution hat nie die Entwicklung theoretischer Fähigkeiten, sondern immer die Entwicklung des Talents belohnt, in einer konkreten Umwelt zurechtzukommen. Adaptives Verhalten ist hier das Stichwort. Die vermeintliche Komplexität eines Verhaltens ist über einen längeren Zeitraum gesehen zum großen Teil eine Reflexion der Umwelt, in der es sich bewegt. Denn ob Ameise oder Mensch – ein sich verhaltendes System kann recht simpel wirken. Nicht Verhalten an sich, sondern Verhalten im Kontext einer gegebenen Umwelt bestimmt Intelligenz.

Wieder die Treppen rauf, dieses Mal mit vollen Kaffeetassen in der Hand. Pfeifer ist die Geschwindigkeit offensichtlich gewohnt, er redet und nimmt dabei zwei Stufen auf einmal, als wir oben sind, habe ich mehr Kaffee am Hemdärmel als in der Tasse. „Ich muss ehrlich zugeben, dass es bei mir relativ lange gedauert hat, bis ich die Beschränktheit des klassischen Ansatzes realisiert hatte, eigentlich erst so in der zweiten Hälfte der 80er Jahre." Und dann, frage ich, welche Prinzipien sind damals erarbeitet worden, um Künstliche Intelligenz zu schaffen? Zunächst einmal mussten, so erklärt Pfeifer, einige Erblasten der klassischen KI verabschiedet werden: Will man Intelligenz nicht isoliert, sondern in der Interaktion mit der Umwelt begreifen, dann braucht Intelligenz einen Körper – eine Einsicht, für die der Begriff Embodiment, Verkörperung, geprägt wird.

Um die Möglichkeiten technischer Intelligenz zu erforschen, sei ein Körper notwendige Bedingung. Pfeifer: „Das hat nichts mit der Robotik der Science-Fiction-Welten zu tun. Roboter sind Forschungsinstrumente, wir sind gezwungen, Roboter zu verwenden." Roboter waren schon früher gebaut worden, aber die neue Art von Robotern sollte nicht sturen Pfaden folgen, sondern autonom mit der Umwelt interagieren können. Im Gegensatz zu anderen Maschinen besitzt ein Roboter eine größere Anzahl von Freiheitsgraden und soll möglichst vielfältig in seinen Verhaltensformen sein.

In der Natur kommt Intelligenz immer in Körpern vor, es gibt keine geistige Klugheit ohne materielle Grundlage. Warum war nicht früher jemand auf diesen Grundgedanken gekommen? An dieser Stelle zeigt sich, dass die KI-Väter den Tücken des cartesianischen Dualismus aufgesessen waren. Die zugrunde liegende Einheit, das, was jede Intelligenz tragen muss, spielte in ihren Überlegungen keine Rolle. Kaum jemand kommt bis in die 80er Jahre auf die Idee, dass der Körper nicht nur eine nutzlose Masse ist, die vom übergeordneten Geist mitgeschleppt werden muss, sondern dass diese Materie, sei sie biologisch, sei sie technisch, einen maßgeblichen Anteil an jedem intelligenten Verhalten hat. Und die Neue KI geht sogar noch einen Schritt weiter: Der Körper besitzt eine eigene Intelligenz, die, gleichwohl nicht rational, klug auszunutzen ist.

So ganz sicher bin ich nicht, dass ich den Professor richtig verstehe. Muss der Roboter nicht trotzdem alles berechnen, was er tun will? Pfeifer wischt aufgeregt mit der Hand durch die Luft: „Das ist doch genau der Punkt. Wenn man alles als reine Rechenaufgabe ansieht, dann führt das schnell an Grenzen. In der realen Welt haben wir anatomische und materielle, halt physikalische Einbettungen, deren Berücksichtigung zu Konvergenzen führt. Wenn ich mich in der Umwelt bewege, dann verarbeite ich ja nicht irgendwelche Inputvektoren mit ihren dazugehörigen Merkmalen, sondern ich habe Sensorstimulationen, die sich kontinuierlich verändern. Zudem ändert sich die Sensorstimulation enorm, je nachdem was ich tue." So aktiv vorgetragen glaube ich das ungeprüft, der Professor redet zügig weiter: „Der Witz ist doch der: Wenn ich Wahrnehmung als etwas ansehe, was passiv ist, wo ich passiv dasitze, dann muss ich aus diesem Strom irgendwie Information herausholen. Bei der visuellen Wahrnehmung hieße das dann, den auf mich einflutenden Pixelwust zu verarbeiten. Wenn ich das aber umdrehe und sage, o. k., ich bin ja ein Akteur, ich kann mit der Umwelt interagieren, dann komme ich dazu, dass ich durch die Interaktion mit der Umwelt meine Sensorstimulation strukturieren kann."

Ich dürste nach einem Beispiel, Pfeifer greift zur Kaffeetasse: „Wenn ich eine Tasse fasse und zum Mund führe, dann passiert enorm viel. Erst einmal habe ich visuelle Stimulation, zudem haptische an den Fingerspitzen, dann Stimulation an den Lippen. Dieses Muster ist für einen Moment stabil und normiert. Die Stimulation auf der Retina ist zwanzig Zentimeter vor meiner Nase völlig anders als fünf Zentimeter davor. Trotzdem ist es immer ein und dasselbe Objekt." Und das Hirn ist nicht die Instanz, die das berechnet?, frage ich ihn. Pfeifer ist jetzt in Fahrt: „Wie denn?", fragt er provokant und weist darauf hin, dass die Ähnlichkeiten zwischen diesen Mustern bei statistischer Analyse bei „praktisch null" liegen würde. „Irgendwie muss der Mensch das aber transformieren, und wie tut er das?" Ich traue mich keine Antwort zu geben, Pfeifer ist sowieso schon weiter: „Eben durch die verkörperte Interaktion mit der Umwelt, welche die Sensordaten gewissermaßen vortransformiert und damit das Problem um Größenordnungen vereinfacht. Ich bringe das Objekt in das visuelle Feld, erzeuge Sensorstimulation, und diese Stimulation ist korreliert."

Zwei Anschlussfragen stellen sich. Geht der Mensch tatsächlich so vor, wenn er lernt? Und kann man das Robotern beibringen? Die Entwicklungspsychologie der letzten Jahre hat tatsächlich gezeigt, dass Kinder erst nach einiger Zeit, das heißt durch Wiederholungen, in der Lage sind zu trinken. Erst später können sie alleine aus dem Bild, oder wie Pfeifer sagen würde, „der visuellen Sensorextraktion", das Objekt rekonstruieren. Die Anatomie und die Interaktion tragen gewissermaßen gratis zur Lösung bei, und das vereinfacht das Lernproblem ungemein. Noch einmal anders ausgedrückt: Mit der Übung dieser Kaffeetassenbewegung Richtung Mund wird aus der extrahierten Information aus einem Sensorkanal eine partielle Vorhersagevariable für die Sensorinformationen, die aus anderen Kanälen extrahiert werden.

Der schon erwähnte Brooks erkennt als Erster, dass selbst Hochleistungsrechner Probleme bei der visuellen Wahrnehmung haben. Seine revolutionäre Annahme: Natürliche Organismen, und damit auch der Mensch, können gar nicht nach dem Schema „Reiz – Denken – Reaktion" vorgehen, weil dies viel zu lange dauert. Eine Organismus, der ständig erst die Denkmaschine anschmeißen muss, ist nicht überlebensfähig. Seine Intuition ist es, dass die Kopplung zwischen sensorischer Stimulation und anschließendem Handeln nicht immer über das Gehirn läuft.

Pfeifer redet jetzt noch schneller von „sensormotorischen Kopplungen", „neuronalen Arealen" und „Morphologie"; das sind mehr rollende R, als ich vertragen kann. Pfeifer bemerkt meine Begriffsstutzigkeit und verlangsamt das Tempo. Wichtig sei, dass der Zusammenhang zwischen Gehirn und Körper viel zu lange vernachlässigt worden ist. Will man aber die Funktion des neuronalen Substrats, sei es bei einer Ameise, sei es bei einem Menschen, verstehen, muss man zunächst verstehen, wie dieses Substrat an den Organismus gekoppelt ist, sonst könne man die Bedeutung der neuronalen Signale nicht ausmachen.

Artifizielle Intelligenz, so lautet seit den 90er Jahren die Devise, ist nur im Zusammenhang mit natürlicher Intelligenz verstehbar. Weniger der Mensch, als vielmehr einfache Lebewesen, die gleichwohl intelligentes Verhalten an den Tag legen, sind Vorbilder. Noch entscheidender für die Neue KI ist aber die Perspektive, dass rationales Verhalten und rationales Denken sich nicht bedingen müssen. Ein Blick auf eine krabbelnde Ameise auf dem Weg zum halb vergammelten Apfel verdeutlicht dies gut: Sie verhält sich zweckdienlich und optimiert den kürzesten Weg zur Futterquelle, geht dabei aber nicht analytisch-deduktiv vor, vielmehr nutzt sie Pheromonspuren, die mit der Zeit verdunsten.

Das Geheimnis der Intelligenz, so kann man verkürzt sagen, liegt nicht im Gehirn, sondern in der Bindung an einen Körper und dessen Interaktion mit der Umwelt.

Damit läuft vieles auf die Frage hinaus, wie intelligentes Verhalten zustande kommt. Der Vater zweier Kinder gerät wieder in Wallung und kommt zu einem weiteren wichtigen Begriff der Neuen KI: Emergenz. Dieses Zauberwort hörte ich das letzte Mal von einer Großtante, die bei einem Schweigewochenende in der Toskana eine Einführung in die Gestalttherapie erhalten hatte. Emergenz, danach ist das Ganze mehr als die Summe seiner Teile. In der Robotik geht es darum, dass aus an und für sich doofen Teilen ein intelligentes Ganzes entstehen kann. So entsteht intelligentes Verhalten, ohne dass es einen ausdrücklichen Willen dazu gibt. „Verhalten, welches kompliziert aussieht, lässt sich häufig viel einfacher erklären", erklärt Pfeifer mir. Ich bitte wiederum um ein Beispiel und werde auf das so genannte Vehikel I eines gewissen Valentino Braitenberg verwiesen.

Der Neurobiologe Braitenberg überrascht 1984 die Fachwelt mit einem Gedankenexperiment mit sehr einfachen Robotern, welche später tatsächlich konstruiert werden. Sein Vehikel I besitzt nichts anderes als einen Sensor an der Spitze und einen damit verbundenen batteriebetriebenen Motor, der zwei Räder antreibt. Angenommen, so Braitenberg, der Sensor sei ein Temperaturfühler und man setzt das Vehikel im Pazifik aus. Im warmen Wasser würde sich das Vehikel nun schnell bewegen, weil der Sensor mehr Qualität an den Motor liefert, im kalten Wasser würde es langsamer werden. Ein Beobachter, der die zugrunde liegende Mechanismen nicht kennt, wird irgendwann auf die Idee kommen, dass das Vehikel kaltes Wasser mag und warmes Wasser meidet. Berücksichtigt man nun noch, dass die Räder des Fahrzeugs der physikalischen Friktion unterliegen, dann wird das Verhalten des Objekts noch komplexer für den Beobachter. Der Untergrund lässt das Vehikel von seinem geraden Kurs abkommen, Strömungen und ein umherschwimmender Fisch verändern ebenfalls die Bahn des archaischen Roboters. Pfeifer erklärt: „Der

Punkt von Braitenberg ist der, dass man die Mechanismen genau erklären kann, es ist aber sehr schwierig, aus dem Verhalten zurück auf die Mechanismen zu schließen."

Die Konsequenzen des Gesagten rauschen traumgleich durch den Körper. Sei eine Ameise noch so sehr gesteuert durch simple Elemente, der Mensch aber, dies Ebenbild Gottes, ist doch mehr: Vermögen und Willen als Kraft, wo bleiben sie? Kontrollfreaks aller Länder, vereinigt euch! Pfeifer versucht mich zu beruhigen: „Wir haben keine Probleme, die Organisation der Ameisen als Emergenz zu erklären. Sobald wir dies aber auf das menschliche Verhalten anwenden, schrecken wir zurück." Mein kurzer Schweißausbruch trocknet ab, denn genau besehen: Was wäre denn so schlimm daran, wenn sich viele Strukturen von selber ergeben, ohne dass sie das Resultat unseres analytischen Denkens sind?

Nur allzu gerne verabschiede ich mich von der Idee, dass alles einen zentralen Führer braucht, aber wer oder besser was koordiniert die verschiedenen Elemente eines Verhaltens? Leider klingelt das Telefon, Pfeifer murmelt noch was von „Cruse" und springt zum Hörer. Es dämmert mir. Cruse, das ist der Professor an der Universität Bielefeld, der sich mit biologischer Kybernetik rumschlägt. Zusammen mit Helge Ritter schreibt Holk Cruse 2001 das Buch „Die Entdeckung der Intelligenz oder Können Ameisen denken?". Darin zeigen sie auf, das viele technische Probleme in der Natur bereits gelöst sind. Cruse und seine Kollegen hoffen, die biologischen Lösungen auch in technischen Systemen einsetzen zu können. Und sie haben Erfolg: An von ihnen konstruierten sechsbeinigen Stabinsekten zeigen sie, dass diese beim Gehen kein Zentrum benötigen, welches die Bewegung der Beine koordiniert.

Per einfacher Leitung sind die sechs Beine untereinander neuronal gekoppelt, wobei nicht einmal eine Verbindung zwischen allen Beinen besteht, sondern nur die benachbarten und gegenüberliegenden Beine verbunden sind. Wenn das Insekt nun mit seinen sechs Beinen auf dem Boden steht und ein Bein hebt, dann ändert sich in diesem Moment die Kraftverteilung auf den anderen Beinen und diese werden leicht in die angedeutete Richtung mitgezogen. Dann bedarf es nur noch einer positiven Feedbackschleife in den Gelenken, um die Bewegung zu verstärken und das Insekt läuft. Das Gewitzte ist: Die Beine kommunizieren global miteinander, aber eben nicht über neuronale Verbindungen, sondern über die Umwelt. Die schwierigsten Probleme werden so durch die dezentrale Steuerungsarchitektur gelöst. Die physikalische Welt steht nicht mehr als Hindernis da, gegen deren Gesetze gearbeitet werden muss, sondern deren Eigenschaften ausgenutzt werden können. Das heißt aber nicht, dass keine zentralen Befehle mehr notwendig sind, so Cruse und Ritter. Um den Anfang und das Ende der Bewegung, seine Richtung und Geschwindigkeit festzulegen, muss eine Instanz einen Anfangsimpuls geben, danach läuft das Gehen aber wie von selbst ab.

Pfeifer hat zu Ende telefoniert und ich traue mich an den nächsten Punkt. Funktioniert, so frage ich, die Gliedmaßenbewegung beim Menschen ebenso? Steuert unser Hirn gar nicht so viel zu intelligentem Verhalten bei wie bislang angenommen? Wieder greift Pfeifer zum Kaffee: „Wenn von Verkörperung gesprochen wird, dann denken viele, dass Steuerung noch viel komplizierter wird, weil ich dann zusätzlich noch physikalische Gesetze berüksichtigen muss und somit mehr Parameter zu optimieren habe." Wohl wahr, deswegen sehen die Bewegungen technischer Artefakte ja meist so mechanisch, eben „roboterhaft" aus. Wenn man das Hand-Arm-Schulter-System beim Menschen anschaut, dann fallen zunächst die enorm vielen Freiheitsgrade auf, nämlich über 30 Stück. „Für einen Control-Engineer ist die Steuerung eines solchen Systems ein Albtraum", lächelt der Professor, um anzufügen, „wenn ich aber die Gegebenheiten des Körpers und seine Dynamik ausnutze, dann führt das zu überraschenden Ergebnissen." Er hebt die Hand und lässt sie im Gelenk abknicken, so dass die Fingerspitzen nach unten zeigen. „Schauen Sie, wenn ich so zugreife, dann treibt es die fünf Fingerspitzen automatisch in die Mitte zusammen, was nur durch die natürliche Formung der Gelenkschalen und der Hand bedingt ist. Genau so eine simple Funktion kann man zum Bau einer Robotergreifhand nutzen. Ergo: Wenn die Anatomie stimmt, wir nennen es in der Robotik die Morphologie, dann ist die Steuerung fast trivial, auf jeden Fall viel einfacher."

Sicher, der Begriff des Paradigmenwechsels ist strapaziert, denn er lädt dazu ein, die Mühle der Selffulfilling Prophecy in Gang zu werfen – seit Kuhn durch die Feuilletons schrubbt, ist der Wechsel oft eher propagiert als vollzogen. Aber die Entwicklung seit den 90er Jahren des vergangenen Jahrhunderts lässt es zu, von einer Neuorientierung in der Wissenschaft von der Künstlichen Intelligenz zu sprechen. Achtung, Zwischenresümee in einem Satz: In der klassischen KI steht Synthese vor Analyse, in der Neuen KI steht die Analyse vor Synthese.

Das Sitzfleisch juckt und weiter geht's, wieder die Treppen runter. Pfeifer reißt eine Tür auf, dahinter eine kleine Werkstatt, Röhren, Schrauben, Räder, ein Lötkolben brutzelt vor sich hin, vor der Werkbank ein vielleicht 25-jähriger Mann, sich über Besuch freuend. „Kannst du uns das kurz zeigen?", fragt Pfeifer. „Sicher", sagt der Schweizer, schließt zwei Kabel an, und auf der Werkbank fängt etwas an zu wackeln, was ich vorher in dem amorphen Wust gar nicht als eigenständiges Objekt erkannt hatte. Federn, Zahnräder, ein Motor und kleine Holzverstrebungen bilden den Torso eines zukünftigen Vierbeiners. Hier wird das Prinzip von Holk Cruses Stabinsekten umgesetzt, ein kleiner Anfangsimpuls soll reichen, um den Hund durch die Dynamik der Federn und seiner Schüttelbewegung zum Gassigehen zu treiben. Experimente nah am und aus dem Chaos.

Die nächste Frage auf dem Flur. Kann man demnach sagen, dass jeder geistige Vorgang von einem körperlichen Vorgang begleitet wird? „Nehmen Sie das Beispiel der Sprache, vielleicht die komplexeste aller Tätigkeiten. Ist das nun kognitiv oder sensomotorisch?" Dieses Mal weiß ich die Antwort, ich drücke den roten Knopf und sage brav ins Mikro: „Das läuft wohl parallel ab." „Genau", jubelt Pfeifer auf: „Es ist immer beides. Es gibt kein reines

Denken." Keine Atempause, hier wird Geschichte gemacht, die nächste Tür. Dahinter sieht es aus wie im Gruppenraum eines Robotik-Internats. Voll gestellte Schreibtische, Monitore, in der Ecke schwebt ein Zeppelin, eine Gasflasche, Rechner ohne Gehäuse, Regale, Poster, auf dem Boden Gummi-Schläuche, Tennisbälle, Pappkartons, dazwischen sechs StudentInnen. Pfeifer stapft durch die kreative Fülle, „ihr müsst aber mal aufräumen", die Studis lachen verlegen. Ein Mann untersucht die Signalübertragung des Barthaars einer Katze, auf dem Monitor flimmern Diagramme. „Es ist wunderbar, immer wenn ich hier runterkomme, haben die Jungs und Mädels etwas Neues erdacht und gebastelt, wirklich wunderbar." Die Gelobten erröten, aus dem Chaos fischt Pfeifer eine seltsame, etwa 20 Zentimeter hohe Konstruktion. „Das ist interessant", sagt er.

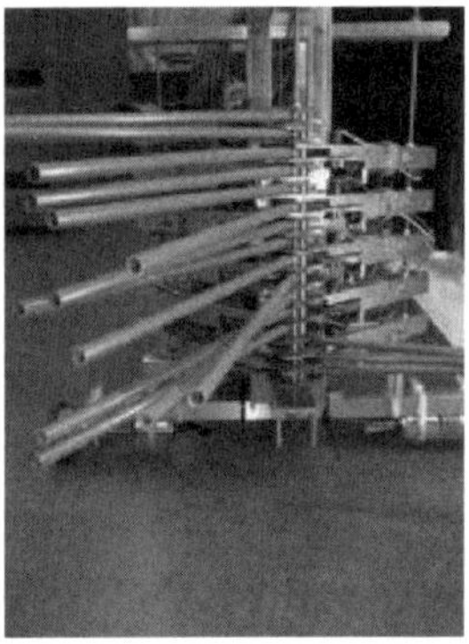

Eyebot im Anfangszustand.
In den ungeordneten
Röhren befinden sich Lichtsensoren.
(Fotos: Al-Lab, Universität Zürich)

Der stehende Roboter ist mit 16 hohlen, horizontal stehenden Stangen ausgestattet. Die Röhren besitzen am Ende einen lichtempfindlichen Sensor, sind durch softwareabhängige Elektromotoren individuell verstellbar: Dieses Fliegenauge besteht aus künstlichen Facetten, die sich nach dem Licht ausrichten. Die Software kann dabei nur die Bewegung der Lichtquelle feststellen, und trotz eines simplen Programms und der Positionierung der Lichtquelle an unterschiedlichen Orten sortiert der Roboter die Sensorstangen immer gleich. Die Verteilung der Stangen ist in allen Fällen vorne dichter als an den Seiten. „Die Morphologie ‚lernt' die Kompensation der Bewegungsparallaxe", sagt Pfeifer. Ohne dass es explizit programmiert wird, ergibt sich eine Form wie bei einem Insektenauge. Die Evolution hat das Insektenauge so angelegt, weil das Hirn dann erheblich weniger rechnen muss, um das Tier auf Kurs zu halten. „Wieder ein wunderbares Beispiel für die Relevanz der Berücksichtigung der Physik und der Geometrie." Pfeifer stellt den Eyebot wieder auf den Tisch und sagt im Weitergehen: „Wohlgemerkt, dieser Prozess war nie das Ziel des Systems, im Laufe der Evolution pendelt sich die optimale Verteilung per Selbstorganisation ein."

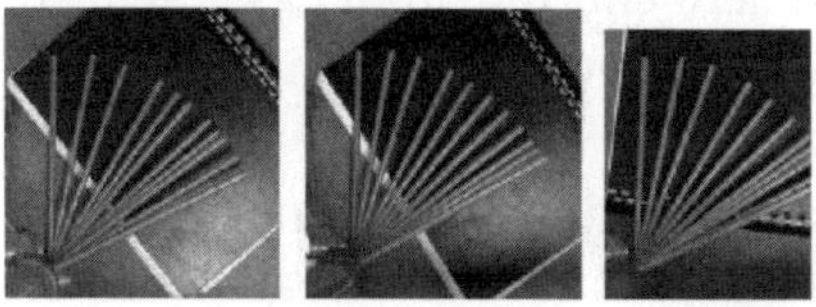

Resultierende Sensorröhren-Verteilungen bei unterschiedlichen Anfangsbedingungen.

Ich wusste, dass dieser Begriff irgendwann fallen würde. „Selbst-", diese magische Vorsilbe weist auf denjenigen, der sie ausspricht zurück. Das Verständnis des Verständnisses ist ein Selbstverständnis, selbstbewusst ist man dann, wenn man ein Bewusstsein von seinem Bewusstsein hat, und die Organisation einer Organisation ist die Selbstorganisation. Fundamental dabei ist, dass der zirkuläre Prozess zu einer Zunahme der Ordnung führt. Das klassische Beispiel dafür ist der Thermostat einer Heizung. Sinkt die Raumtemperatur im Winter, schaltet der Thermostat sich ein und reguliert die Heizung nach oben, dadurch wird allerdings die Raumtemperatur erhöht und der Thermostat schaltet sich wieder ab. Abstrakter gesprochen erzeugt jede Ursache (die sinkende Raumtemperatur) eine Wirkung (Heizung an). Und diese Wirkung wird wieder zu einer Ursache. Was Pfeifer andeuten will: Wie beim Thermostaten pendelt sich im Laufe der Zeit ein stabiler Eigenwert ein.

Dies ist ein Phänomen, das auch aus der Mathematik bekannt ist. Gibt man in einen Taschenrechner eine beliebige Zahl ein, zieht daraus die Wurzel und aus dem Ergebnis wiederum die Wurzel, dann schält sich nach einer gewissen Zeit ein Eigenwert heraus – die Zahl 1. Und die Wurzel aus eins ist eins. Was nach einem Taschenspielertrick klingt, lässt Physiker, Biologen und Philosophen seit Jahren aufgeregt in ihren Büros und Labors auf und ab rennen. Systeme können in stabile Zustände geraten, ohne dass eine Zielvorgabe gegeben wurde und ohne das Zustandekommen erklären zu können – sie organisieren sich selbst.

Wieder auf dem Gang erinnert sich Pfeifer an einen Besuch bei einem großen deutschen Automobilkonzern. „Dort sollte mir ein Roboter eine Tasse Kaffee bringen. Er rollte zunächst zum Kaffee-Automaten, scannte mit einem enorm teuren Laser den Abstand für ein Distanzprofil, sodann setzte er seinen Path-Planer ein, der den Pfad für die weitere Aktion berechnet hat. Während der dann folgenden Ausführung des Pfads fand keine Kopplung mit der Umwelt statt. Leider lag aber die Tasse etwas schräg im Greifarm des Roboters, so dass er fast das Rohr, aus dem der Kaffee strömen sollte, abgebrochen hat. Wenn er eine sensomotorische Kopplung gehabt hätte, wäre das gar kein Problem gewesen, weil er das sofort bemerkt hätte.“

Ist es manisch oder warum fällt mir wiederum der Vergleich mit dem Menschen ein? Glaubt man dem agilen Professor, dann funktioniert auch der Mensch eben nicht nach dem Schema Input – Verarbeitung – Output. Und auch nicht nach einem verfeinerten Modell, wonach der Stimulus mit einem inneren Modell abgeglichen wird, worauf eine Verarbeitung erfolgt und erst dann gehandelt wird. Die Computermetapher des Geistes hält Pfeifer für schlicht falsch, mithin als völlig ungeeignet, um als Vorbild für die KI zu fungieren. Während wir die Treppen hochstiefeln, sagt er: „Wir müssen uns von dem Bild verabschieden, dass natürliche wie technische Systeme Informationen verarbeiten, die von außen reinkommen, dann verarbeitet werden und dann erst ein Handeln erfolgen kann. Wie gesagt: Das Erzeugen der Sensorstimulation wird durch die verkörperte Interaktion mit der Umwelt bestimmt. Auch unser Gehirn funktioniert nicht als symbolverarbeitendes Medium, in dessen Hardware Software abläuft. Wo im Gehirn sind die Programme, wo die Daten?"

Aber auch die körperbasierte KI kämpft mit Problemen. Es gelingt bisher nicht, komplexeres intelligentes Verhalten zu generieren. Die große Beschränkung findet diese Forschungsrichtung darin, dass die Reichhaltigkeit der Verhaltensweisen auf wenige Dutzende beschränkt bleibt. Es fehlt an theoretischen Ansätzen und Methoden, um die Komplexität und Leistungsfähigkeit biologisch inspirierter Roboter entscheidend zu steigern. Die Gründe für diese Schwierigkeiten liegen nur teilweise in der Informatik oder Robotik. Das Hauptproblem ist eine fehlende biologisch begründete Theorie für derartige Systeme, und diese ist schwierig zu entwickeln, da es in der Biologie selber an geeigneten Erklärungsmodellen und -theorien mangelt. Sobald man in den verkörperten Intelligenzen mehrere Verhalten parallel laufen lässt, führt dies zu gegenseitigen Beeinflussungen, welche das System ins Chaos stürzen. Für dieses „Scaling-up" Problem ist zurzeit keine Lösung in Sicht, Pfeifer glaubt aber auch hier, dass sich die lose gekoppelten Prozesse weitgehend über den Körper und die Interaktion mit der Umwelt selbst koordinieren.

Wenn die Prämisse stimmt, dass Intelligenz sich aus dummen Teilen zusammensetzt, dann kann der Bau von verkörperter Intelligenz in ferner Zukunft durchaus zu Maschinen führen, die so etwas wie eine Vorstellung von ihren eigenen Zuständen haben. Obwohl die ernsthafte Robotik sich mit dem Bewusstsein noch kaum befasst hat, so ist ihnen doch klar, dass es für einen herumwatschelnden Robbi von Vorteil wäre, eine grobe Vorstellung von seinem Körper zu haben. Wenn ein Roboter eine sensomotorische Kopplung und stabile Sensormuster hat, dann gibt es gute Gründe dafür, dass dieser Roboter selbst die Sensormuster analysieren und nutzen kann. So käme man langsam auf eine Ebene, so Pfeifer, wo man dem Roboter so etwas wie Bewusstsein zuschreiben könnte, und er fügt hinzu: „Wenn man das möchte. Das ist eine nüchterne Sicht, aber wir Schweizer tendieren dazu. Die Amerikaner würden das wahrscheinlich anders ausdrücken und behaupten, ‚ja klar, wir haben längst Roboter mit Bewusstsein'. Ein Schweizer würde sagen, dass jetzt Feed-forward-Netzwerke für Verhaltensprognosen existieren."

Die Sonne versinkt hinter dem Campus, wir sind wieder im Büro, heute wird der Mann noch bis mindestens 23 Uhr arbeiten. Ich dagegen habe genug Sensorstimulation, bin erschöpft und nehme recht dankbar den Fahrstuhl nach unten. Fragefetzen durchwallen meinen Körper, aber was bleibt hängen? Trivial ist die Einsicht in die parallele Entwicklung von Körper und Geist in der menschlichen Evolution. Brisant ist, dass die Neue KI diesen Prozess künstlich in Gang setzen will. So wie das junge Hirn mit dem Körper wächst, so soll der Körper mit dem artifiziellen neuronalen Substrat wachsen. Offene Fragen bleiben: Wie funktioniert das „neuronale Substrat", kurz Hirn, beim Menschen überhaupt? Und ist da neben Sensorstimulationen, engen Kopplungen und Hirntätigkeiten nicht noch etwas Weiteres, was unsere Intelligenz, von unserem Dasein mal ganz zu schweigen, bestimmt? Sprudelt irgendwo in uns oder durch uns eine Quelle, ohne deren Fluss wir ziemlich doof dastehen würden? Nebenbei: Welche Gefahren lauern, wenn neben anderen biologischen Vorbildern der Mensch als Blaupause dient? Und die wichtigste Frage: Wo kriege ich jetzt schnell eine Portion Pommes rot-weiß her?

Meinen Sie Zürich zum Beispiel
sei eine tiefere Stadt,
wo man Wunder und Weihen
immer als Inhalt hat?
*Gottfried Benn*

Hauptbahnhof, die Menschen hasten ferngesteuert über den Platz. Alles hoppelnde Mutanten aus Pfeifers Zoo? Was geht in meinem Kopf vor? Zur Beruhigung rufe ich meinen Hauspsychiater an, Stefan Neuendorf, Mediziner und Experte für das Hirn. „Höre mal lieber mehr auf deinen Bauch als auf deinen Kopf", sagt er, dann bricht die Verbindung ab. So schön es wäre, es war zu ahnen, dass neben Logik und Verkörperung und Emergenz noch weitere Komponenten das Wesen der Intelligenz ausmachen. Eine davon hat der Doktor just genannt: Emotionen.

## Vom Bauch in den Kopf

Nein, nicht abgeschrieben habe er, wohl aber diente das Buch als Vorlage, gibt Daniel Goleman zu. Sein Verkaufsschlager „Emotionale Intelligenz“ beruht zu großen Teilen auf den Erkenntnissen eines anderen Mannes, des an der Universität Iowa tätigen Antonio R. Damasio. Der Neurologe Damasio stellt 1994 seine Ansichten der Öffentlichkeit vor, Thesen, die er durch die lange währende Arbeit mit seinen hirnverletzten Patienten entwickel hat. Als archimedischer Punkt dient ihm der Gedanke, dass sowohl alle körperlichen Funktionen als auch das Bewusstsein letztlich einem Ziel dienen: der Sorge des Organismus um sein Überleben. Die entscheidenden Bindeglieder zwischen Körper und Geist seien dabei die Gefühle und Emotionen. Nach Damasio ist eine Emotion nach außen gerichtet und nicht kontrollierbar. Ein Gefühl sei dagegen nach innen gerichtet und nur vom Menschen, der dieses Gefühl hat, beobachtbar. Ein Beispiel: Wer beim Anblick eines Wahlplakats Adrenalinschübe und Herzflattern bekommt, hat eine „Emotion“ in Damasios Sinne. Solche unbewusst ablaufenden chemisch-biologischen Reaktionen dienen der Lebenserhaltung. Zugleich registriert das Gehirn diese körperlichen Vorgänge sehr genau und bildet sie im neuronalen Substrat ab. Diese Muster werden wiederum von anderen Hirnzentren interpretiert, ein „neuronales Muster zweiter Ordnung“ entsteht. Dieses wirkt auf den Körper zurück - und das nennt Damasio ein „Gefühl“, in diesem Fall: Angst. Erst das Erkennen dieser Gefühle forme das (Kern-)Bewusstsein.

An seinen Patienten entdeckte der in Portugal aufgewachsene Damasio, dass Bewusstsein nicht die Krönung der Fähigkeiten unseres Gehirns ist. Der Mensch kann auch mit einem bescheidenen Gedächtnis und wenig Sprache spüren, dass er einen Geist hat und dass dieser Geist sein Geist ist. Weniger Sprache oder Erinnerung würden das Bewusstsein formen, sondern die Interaktion des Körpers mit der Umwelt, weil diese Interaktion die Gefühle und Emotionen freisetzt. Rund 350 Jahre nach René Descartes dreht Damasio den Spieß um und behauptet: „Ich fühle, also bin ich." Die so vehement ausgerufene „decade of the brain" vergaß in ihrer Aufregung, dass nicht das Hirn, sondern der Körper an erster Stelle steht. Das Gehirn dient „nur" als Manager und um den Bio-Laden wirkungsvoll steuern zu können. Braucht es dabei eine genaue Vorstellung davon, was im Körper vor sich geht. Woher nimmt es die? Damasio: „Das Hirn stellt den Körper dar. Und alles, was in unserem Kopf geschieht, dreht sich um die Beziehung zwischen Abbildungen des Körpers und Abbildungen von anderen Dingen." Mit anderen Worten: Körper und Geist befinden sich in einem ständigen Wechselspiel, die Zustände des Körpers werden in jeder Sekunde des Lebens im Geist gespiegelt und die Aktivitäten des Geistes wirken ebenso in jeder Sekunde des Daseins auf den Körper zurück. Dieses psychosomatische Tennismatch ist Grundlage menschlichen Lebens.

Bis tief in das 20. Jahrhundert hinein steht aber entweder der Geist oder der Körper im Vordergrund des Forscherfokus. Für den Mediziner ist der Körper der Mensch, und zwar der ganze Mensch, für den Psychiater ist dieser Körper weniger als der Mensch, nämlich nur die äußere Form der Persönlichkeit. Die Antagonismen sind tief verankert: Nach herrschender Meinung fördert die schulische Ausbildung den Geist, und der Sportunterricht ertüchtigt den Körper.

Wie diese beiden Einheiten aufeinander einwirken bleibt oft unklar. Damasio zeigt nun als einer der ersten mit den Mitteln der harten Wissenschaft, wie Körper und Geist sich bedingen. Die modernen Therapieformen untermauern dabei seine Thesen. Vielen Ärzten und Heilpraktikern ist klar, dass jedem mentalen Problem ein entsprechender körperlicher „Knoten" zugeordnet ist – et vice versa. Die Frage ist halt nur, welcher Weg zur Therapie dieser Probleme beschritten wird. Heilverfahren wie die Logotherapie und die Existentialanalyse setzen am Hirnende an, während Massagetechniken nach Ida Rolf, das so genannte Rolfing und Formen des Hatha-Yoga am Muskelende ansetzen.

Was aber hat das mit dem Bau Künstlicher Intelligenz zu tun? Warum schielt die KI auf die Kernspintomographien, bewegte Bilder aus dem Kopf und die Ergebnisse der biologischen Nachbardisziplinen? Ganz einfach: Hirn- und Bewusstseinsforscher geben sich redlich Mühe, den Menschen zu verstehen – und was man verstanden hat, das kann man prinzipiell auch nachbauen. Selbst Damasio sieht durchaus die Möglichkeit, Roboter mit Bewusstsein zu bauen. Allerdings sei dieses Bewusstsein ein spezifisches Silizium-Bewusstsein, da Roboter keinen Körper aus Fleisch und Blut haben. Da Bewusstsein aus Gefühlen entsteht und diese wiederum aus dem chemisch-biologischen Vorgängen, wäre das Bewusstsein eines Roboters ein gänzlich anderes als beim Menschen. Ein Roboter, der fühlt, wie es seinen Transistoren gerade geht? Damasio: „Warum sollte das Silizium seinen Nerven die gleichen Signale geben wie lebende Zellen den Nerven von Menschen? Das ist das Entscheidende." Das Gegenargument der Hardcore-KI-ler zu Damasio liegt allerdings auf der Hand: Was sind Signale anderes als ein schnelles Oszillieren zwischen 0 und 1, Strom an, Strom aus, die Synapse feuert oder sie feuert halt nicht?

Die Landschaft rauscht vorbei, der ICE folgt treu dem Gleis. Wohin führt meine Fahrt? Klug ist es, zweigleisig weiterzufahren: Während ein Zug in Richtung bunter Theorie geht, muss der andere die Stationen anfahren, in denen an praktischer KI gearbeitet wird. Welche Fragen sind wichtig? Ist es die, was von der Natur und dem Menschsein tatsächlich in der Maschine landen kann? Oder ist es die, was nie in der Maschine landen sollte? Die Vergangenheit zeigte oft die Blindheit des Arguments, „dies oder das werden Computer nie können". Ein paar Jahre später stand die Maschine da, die genau „dies oder das" eben doch konnte. Die Idee, ein Düsenflugzeug von einem artifiziellen Piloten sicher durch die Luft zu navigieren und sogar auf dem Rollfeld aufzusetzen, schien Anfang der 50er Jahre abstrus. Heute ist dies Alltag auf den Flughäfen. Oder denken Sie an den Traum eines vollautomatischen Staubsaugers, wie er in amerikanischen Fiction-Comics vorkam. Auch dies ist heute Realität.

Die Bahn fährt, der Geist fliegt. Wenn man einmal anfängt die Möglichkeiten durchzudenken, durchzuspüren, dann schmeckt die Melange aus wohligem Schaudern und ablehnendem Entzücken. Treiben lassen, treiben lassen. Wenn den zukünftigen artifiziellen Lebensformen schon ein spezifisches Bewusstsein zugesprochen werden kann, haben sie damit doch noch keinen freien Willen, oder? Was ist das überhaupt, der freie Wille? Also Zwischenstop in der Mitte Deutschlands.

Der Frankfurter Hirnforscher Wolf Singer fasst den Erkenntnisstand der evolutionären Hirnforschung knackig zusammen: „Da unterscheidet sich der Mensch nicht groß vom Plattwurm. Nur eine Menge Verschaltungen sind hinzugekommen im Lauf der Evolution." Hirne verschiedener Kreaturen sind nicht nur ähnlich zusammengesetzt, sie funktionieren auch ähnlich. Wenn Intelligenz sich selbst beobachtet, dann spätestens fällt der Begriff des Bewusstseins. Der Ort des Bewusstseins, dort, wo unser Ich sich am Ofen der Seele wärmt, dieser Ort ist seit einem Jahrhundert die Bundeslade der Hirn- und Erkenntnisforscher. Nur: Es gibt diese Zentrale nicht. „Inzwischen glauben wir, dass der Mensch ohne Sinn für sich selber auf die Welt kommt", erklärt Singer. „Ein Gefühl dafür, wer sie sind, müssen Babys erst lernen. Später, wenn wir erwachsen sind, glauben wir, das Ich war immer schon da. Doch in Wahrheit ist es nur ein Konstrukt." Das Ich als Konstruktion? Das klingt doch schwer nach den Weisheiten aus Fernost: Dort ist der Einriss der Mauern des Ich, die ja nur den freien Blick auf die wahre Istheit der Dinge versperren, sozusagen Volkssport. Im Westen führte diese (Nicht-)Denkschule schon immer ein Schattendasein, zuletzt putzten die Blumenkinder ihre innere Küche mit dieser Weisheit – und das Reinigungsmittel der Wahl hieß LSD. Jim Morrison und seine Kumpane nennen sich Anfang der 60er Jahre nicht zufällig die Doors, es geht ihnen um die „doors of perception" aus einem Gedicht von William Blake.

Wenn diese Türen geöffnet sind, erst dann sieht man die Wirklichkeit der Dinge. Obwohl zum Kulturerbe gehörend, unternahm bislang keiner den Versuch, diese Art „spiritueller Intelligenz" so fassbar zu werden, dass sie für den Bau artifizieller Wesen nutzbar wäre. Wie auch? Denn fassbar werden die Dinge durch die Begriffe, und in dieser Sphäre fehlen einem die Worte.

Vorerst legen die Hirnforscher nach: Am Anfang des neuen Jahrtausends wird von ihnen mit dem Ich auch der freie Wille in die Tonne getreten. Im Alltag setzen wir Willensfreiheit als selbstverständlich voraus, die Überzeugung, dass wir frei entscheiden können, ermöglicht erst verantwortliches Handeln. Vor Gericht käme es ohne die Idee der Willensfreiheit zu abstrusen Szenen. Experimente aber beweisen, dass dem Mensch weniger ein freier Wille, als vielmehr der Wille innewohnt, seine unmotivierte Handlung Bruchteile von Sekunden später zu rechtfertigen. Schon legendär sind die Experimente des kalifornischen Neurophysiologen Benjamin Libet. Er fordert Anfang der 70er Jahre Probanden auf, eine Uhr im Blick zu behalten und irgendwann die Hand zu heben, danach sollen sie sagen, wann sie ihre Entscheidung zur Bewegung gefasst haben. Libet zeichnet die Hirnströme der Versuchskaninchen auf und stellt fest, dass die Neuronen schon aktiv sind, bevor die Entscheidung wissentlich getroffen wird. Die Nervenzellen geben den Befehl zu der Bewegung eine Drittelsekunde, bevor das Bewusstsein die Entscheidung nachliefert. Der freie Wille als Chimäre?

Tun wir nicht, was wir wollen, sondern wollen wir, was wir tun? Erfahren wir als Letzte, was unser Gehirn vorhat? Im Keller der KI rumort es, hier horcht man immer wieder auf, wenn eine Bastion der Menschlichkeit fällt, ein weiterer Zacken aus der Krone bricht. Ganz so einfach ist es aber nicht: Zwischen dem Bewusstwerden des Entschlusses, die Hand zu bewegen, und der Bewegung selbst liegen nach Libet 200 Millisekunden. In dieser Zeit kann das Bewusstsein intervenieren und entscheiden, ob die Bewegung ausgeführt wird oder nicht. So gesehen ist das Bewusstsein kein Initiator, sondern der Zensor unserer Gefühle. Libet selbst hält sich aus der entscheidenden Frage raus: Er habe nur einiges darüber entdeckt, wie der freie Wille funktioniere, damit könne er nicht beantworten, ob menschliche Handlungen ähnlich den Aktivitäten der Neuronen im Gehirn durch die Naturgesetze determiniert oder bis zu einem gewissen Grad unabhängig davon sind. In der neueren Literatur wird zudem angezweifelt, dass Entscheidungen tatsächlich ein rein momentaner Akt sind, der sich auf Millisekunden genau bestimmen lässt. Wichtige Entscheidungen sind Prozesse, sie erstrecken sich über einen längeren Zeitraum und sind dann von bewussten Vorentscheidungen abhängig, die in den aktuellen Entscheidungsvorgang mit einfließen.

So neu sind diese Gedanken nicht, schon der Physiker Max Planck stellte fest: „Von außen, objektiv betrachtet, ist unser Wille kausal gebunden; von innen, subjektiv betrachtet, ist der Wille frei." Das führt auf den Kern der Diskussion und zurück zu der bereits angedeuteten Verschränkung von Subjekt und Objekt. Wissen über Bewusstsein ist immer auf zweierlei Weise möglich: von innen und von außen. Selbst, wenn die Hirnforschung genau feststellt, welche Areale beim Schlecken von Vanilleeis tätig sind, sagt das nichts über das subjektive Vanille-Empfinden aus. Das Problem ist nur, dass mancherorts behauptet wird, dass dieses Gefühl nichts anderes ist (sic!) als das Zusammenspiel bestimmter chemo-physikalischer Vorgänge in Hirn und Körper. Das ist purer Reduktionismus, aber der bietet sich für den Bau bewusster Maschinen an.

Um den Faden mal anders aufzunehmen: In der KI-Gemeinde leben einige Forscher von der Hoffnung, dass mit dem sich mehrenden Wissen über die Vorgänge im Menschen der Nachbau desselben möglich sei. Zumindest in einer Hinsicht muss man sie beruhigen: Für einen winzigen Teil werden wir uns immer selbst unsichtbar bleiben. Die Erforschung des Selbst bis in den letzten Winkel gleicht Ouroboros, der Schlange, die sich in den Schwanz beißt. Man braucht Bewusstsein, um das Bewusstsein zu verstehen. Dies ist der klassische blinde Fleck der Selbsterkenntnis, über den man jammern, den man aber auch als Chance auffassen kann, zeigt er doch zum einen die Beschränktheit der rein rationalistischen Weltauffassung, zum anderen den Weg zu ihrer Überwindung. Hier ist objektive Wissenschaft am Ende angelangt und hat nun zwei Optionen: Entweder sie tritt in die Sphäre der begriffslosen Erkenntnis, Ursprung aller Religionen, ein. Oder aber sie akzeptiert, dass diese beiden Sphären nicht krampfhaft aufeinander reduziert werden können und sucht nach Möglichkeiten, wie sie sich fruchtbar verbinden lassen.

Spaß dieser Art ist mit dem Namen Heinz von Foerster verbunden. Der Österreicher reist Anfang der 50er Jahre mit dem Koffer seiner europäischen Überlieferungen in die USA. Die frühen Kybernetiker hatten den Regelkreis entdeckt, von Foerster weist sie darauf hin, dass das Konzept der Zirkularität auch in erkenntnistheoretischer Hinsicht fundamental ist. Der Wiener Zauberer liebt das Wunder und wundert sich, dass niemand daran interessiert ist, in eine Schleife hineinzugeraten, die den jeweiligen Gegenstand der Betrachtung und den Betrachter selbst miteinander verbindet. Will man das Gehirn eines anderen erklären, so Foerster, muss man auch das eigene Denkorgan ins Spiel bringen, mit dem man diese Erklärung ausarbeitet. Plötzlich ist man Teil der Welt, die man beobachten will. Seit dieser Zeit fordert von Foerster zum Umdenken auf: Ein Wissenschaftler, der sich mit dem Phänomen der Wahrnehmung befasst, sollte sich auch die Frage stellen, was denn das Erkennen des Erkennens bringt, welchen Sinn die Versuche haben, den Vorgang der Kognition zu erhellen.

Neben diesem ethisch motivierten Versuch hakt von Foerster aber noch an anderer Stelle ein. Wie Turing und die jungen KI-Forscher hat auch von Foerster die „Principia Mathematica" von Russel und Whitehead gelesen. Schon im Vorwort verweisen die beiden darauf, dass selbstbezügliche Aussagen, sagen wir es mal trivial, verboten sind. „Ignoriere diesen Satz" ist so eine Aussage, genauso wie die von Epimenides, dem Kreter, der locker aussprach: „Alle Kreter lügen." Logiker bringt es auf die Palme, dass dieser Satz weder wahr noch falsch ist. Der Satz wird falsch, wenn man ihn für wahr hält, und wahr, wenn man ihn für falsch hält. Paradox, erst unter Berücksichtigung der Zeit ist ein geistiger Flic-Flac möglich, ein Oszillieren zwischen zwei Zuständen. Die Dynamik der Zustände, die ist es, die von Foerster wieder einführen will. Natürlich verabschiedet er damit ganz nebenbei die Ontologie ins Nirwana, darum schimpft man ihn einen Konstruktivisten, denn dies sind bekanntlich Menschen, die mit der Realität nichts am Hut haben wollen.

Vielleicht ist es bemerkt worden: Von Foerster nähert sich so selbstreferentiellen Begriffen wie „Bewusstsein" und „Erkenntnis" sehr viel näher an, als das mit den Praktiken der herkömmlichen Logik möglich ist. „Die Ideen von Heinz von Foerster sind aktuell wie nie", sagt denn auch Rolf Pfeifer. Was aber ist es, was KI-ler aufhorchen lässt? Es ist wiederum das Prinzip der Zirkularität. Schon seit dem Beginn der KI fragte man sich, ob Gemeinsamkeiten zwischen Mensch und Maschine beim Erreichen von Zielen existieren. Die Antwort: Um ein Ziel zu erreichen, müssen Personen wie technische Systeme immer wieder Verhaltensweisen und Handlungen korrigieren und das Ergebnis wiederum nutzen, um eine erneute Handlung vorzunehmen. In Robotern sind diese Rückkopplungschleifen zur Zielerreichung nutzbar, von Foerster aber geht noch einen Schritt weiter.

Der 1911 in Wien geborene von Foerster weist seit nunmehr 50 Jahren darauf hin, dass das Prinzip der Zirkularität fundamental für jedweden Erkenntnisvorgang ist. Die letzte und engste Spielform der zirkulären Erkenntnis ist dabei seiner Meinung nach die Selbsterkenntnis, die Zirkularität des Ich. Das Ich sei die Reflexion der Reflexion der Reflexion der Reflexion ..., frei nach dem Motto: Zirkulieren die Reflexionen nur lange genug um sich selbst, dann ergibt sich wie beim Wurzelziehen im Taschenrechner irgendwann ein stabiler Eigenwert. Dieser Zustand freilich ist dynamisch, von daher gibt es nie ein statisches Selbstbild. In den Worten von Foersters: „Das Ich kann als Eigenwert der unendlichen Reflexion über sich selbst verstanden werden."

Das klingt nach fernöstlichen Weisheiten und ist auch nicht

weit vom Hinduismus entfernt. Die hinduistische Philosophie entwickelte schon früh eine eigene Meinung zum Selbst. Vereinfacht gesagt manifestiert es sich bei der Geburt des Menschen und bleibt zunächst locker. Mit der Entwicklung des Verstandes übernimmt dieser, so diese Schule, langsam die Kontrolle im System. Kein Fehler so weit, schließlich ermöglicht er die Entdeckung der Welt, und man lebt ganz gut mit ihm. Herabsetzen des Ego als krampfhaft zu überwindende Ausprägung des Bösen, Grund allen Leidens in der Welt, ist trivialesoterische Interpretation. Fehlerhaft sei nur, das lehrt der Guru, den Verstand, das sich ausformende Ego, mit dem Selbst zu verwechseln. Und der Verstand unternimmt einiges, genau dies zu bewerkstelligen. Im Bilde gesprochen: Er ist das Werkzeug, mit dem der Mensch sich zum Selbst bewegt, wird aber irgendwann größenwahnsinnig und nimmt an, er wäre selbst das Selbst.

Ob Hindu oder Existentialist, Christ oder Naturwissenschaftler: Das Selbst, das innere Wesen des Menschen, ist seit Menschen(ge)denken ein Rätsel, dessen Lösung je nach Ausgangspunkt unterschiedlich ist. Für die einen Epiphänomen der manifestierten Gotteshauchung, liegt die Lösung in der Einlösung. Nämlich des göttlichen Versprechens, bei Wohlbenehmen in das Paradies einziehen zu dürfen. Für die anderen liegt die Lösung in der Auflösung, nämlich des Eingehens in die kosmische Ursuppe des Nichts. Wer so lange nicht warten möchte, der sucht nachzuweisen, dass alle geistigen Prozesse, die diese äußerst flüchtige Einheit vollzieht, auf materiellen Funktionen beruhen.

Es ist eine spannende Frage, wie die Künstlichen Intelligenzen der Zukunft uns glaubhaft machen werden, dass sie über ihr Selbstbild reflektieren. Die stille Hoffnung mancher Forscher ist natürlich, dass bei einem elektronischen Nachbau der Strukturen des Gehirns sich solche Fragen von selbst lösen. Dann hätte man auch endlich eine Antwort auf die Frage, wie unser Gehirn überhaupt funktioniert. Keiner der vielen Experten ist nämlich zurzeit in der Lage zu erklären, wie denn nun ein Gedanke entsteht. Gleichwohl liegt der Nachbau des unbestreitbar komplexen Gehirns, glaubt man manchen Berichten, in naher Zukunft. „Dem Denken auf der Spur“ ist eine der beliebtesten Überschriften zur Jahrhundertwende. Credo: Unser Denken basiert auf Naturgesetzen, die nur noch nicht vollständig erkannt sind.

Es steht die Frage im Raum, ob es tatsächlich eine kopernikanische Wende wäre, wenn genau festzustellen ist, welche Hirnaktivitäten mit welchen Empfindungen zusammenhängen. Denn was genau wäre gewonnen, wenn wir wissen, wie sich das Wasser der neuronalen Aktivitäten in den Wein des bewussten Erlebens verwandelt? Wäre man dem „Wunschtraum“ eines Computers mit Bewusstsein näher gekommen?

So ungemütlich der Gedanke auch anmutet, der Bau von bewussten Maschinen liegt nach Meinung von Hirnforschern wie Gerhard Roth von der Universität Bremen durchaus innerhalb des Raumes menschlicher Tatkräfte. Die Antworten gleichen sich dabei: Im Prinzip schon, aber... Dieses „Aber“ ist dabei allerdings technischer, nicht grundsätzlicher Natur. Klaus Mainzer, Physiker und Mathematiker, lehrt an der Universität Augsburg Philosophie und Wissenschaftstheorie. Für ihn ist es sicher, dass nach einem Verständnis der neuronalen Verschaltungsmuster im Hirn diese auch nachgebaut werden können.[5] Und weiter: „Derartige Systeme sind nach meiner Auffassung keineswegs an die Biochemie des Hirns gebunden, das von der Evolution mehr oder weniger zufällig hervorgebracht wurde.“ Nach Mainzer hat der Mensch zur Realisierung technischer Projekte die Natur nie einfach imitiert. „Der Mensch lernte nicht dadurch fliegen, dass er sich mit einem Federkleid, nach dem Vorbild der Vögel, in die Lüfte erheben wollte, sondern er hat seine technischen Maschinen entwickelt, indem er die Gesetze der Aerodynamik ausgenutzt hat.“ Sein Schluss klingt logisch: Man müsse nur einfach die Gesetze der Gehirnforschung berücksichtigen und fertig ist die intelligente, bewusste, liebende, schmerzempfindliche Maschine.

Berücksichtigt man nun noch, dass das Bewusstsein anschei-

5 Dazu und zum folgenden siehe Mainzer 1997.

nend keine Super-Instanz, nicht die Omnipotenz ist, die intelligentes Verhalten ermöglicht, sondern vielleicht nur eine nette Dreingabe, eine Zugabe des mentalen Chemie-Orchesters, das Sahnehäubchen auf der fühlenden Fleischtorte, dann bleibt nicht mehr viel, was der Grundsteinlegung zum Bauvorhaben Mensch im Wege steht. Mainzer: „Ich sehe aus wissenschaftstheoretischer Seite keine Einwände, warum aus irgendwelchen prinzipiellen Erwägungen heraus solche Systeme nicht möglich sein sollten." Aber woher kommt das Schaudern auf meinem Rücken beim Schreiben dieser Zeilen? Liegt es nur daran, dass zu fragen ist, ob man eine solche Entwicklung überhaupt will? Dieses ethisch motivierte Bedenken ist Mainzer und anderen natürlich bekannt. Liegt es nicht vielmehr daran, dass hier Forscher wieder einmal in die ewige Falle der totalen Berechenbarkeit der Welt tappen?

Denn ein Rätsel bleibt weiterhin ungelöst: Kann der Mensch das Rezept, nach dem er selbst gebacken ist, überhaupt erkennen? So wie es aussieht, liegt genau hier die Grenze der Erkenntnis. Aber auch diese Grenze soll fallen, die Frage ist nur, ob sie tatsächlich dadurch transzendiert wird, dass man sich selbst – so weit wie technisch möglich – nachbaut und die höheren Weihen des Daseins sich danach automatisch aus dem Gewusel der Schaltkreise ergeben. Praktiker wie Rodney Brooks wischen Einwände dieser Art mit einem „Ahh, forget about the theory" beiseite. Selbst wenn eine Art Gesetz existieren würde, wonach keine Lebensform intelligent genug sein kann, sich selbst gut genug zu verstehen, um eine Kopie von sich zu bauen, gäbe es immer noch, so Brooks, „die Möglichkeit, dass ein intelligenteres Wesen als wir herausfindet, wie wir funktionieren, und eine funktionsfähige Maschine baut, die genauso emotional und klug ist wie wir".

Und genau darum diskutieren KI-Forscher, Soziologen und Philosophen so erregt über KI. Nachdem Kopernikus uns aus dem Zentrum des Universums rausgeschmissen und zum Wurmfortsatz der Galaxis gemacht hat, riss Darwin uns die Krone der Schöpfung vom Haupt. Und nun könnte die dritte große Kränkung bevorstehen: Unser Bewusstsein, diese seltsame innere Tagesschau, von dem jeder weiß, was es ist, solange man ihn nicht nach einer Definition fragt, dieses Bewusstsein wird ebenfalls zur Konstruktion abgestempelt. Um es einmal martialisch auszudrücken: Die KI-ler blasen zum Angriff auf die letzte Bastion der Besonderheit der Menschheit.

Scharf muss das Messer der Erkenntnis sein, welches einen Pfad durch den Dschungel der Überzeugungen schlagen will. Wer KI aus der Perspektive der Hirnforschung angeht, der denkt über das Leib-Seele-Problem, über Sein und Werden und sogar Unsterblichkeit nach. Nüchtern betrachtet vielleicht die gewichtigsten, aber auch die umstrittensten und schwammigsten Begriffe der Zivilisation. Erwägungen über Bewusstsein implizieren immer Nachdenken über Selbst-Bewusstsein. Glaubt man Gestalten wie von Foerster, und es gibt gute Gründe, das zu tun, dann versagen die Begriffe der Logik auf dieser Ebene. Was kann man wissen? Vielleicht ist es besser danach zu fragen, was man wissen sollte. Nach zwei Wochen Täterschaft am Schreibtisch muss ich raus, die Höhenflüge mit den wahren Kunststücken abgleichen.

Fußballer müssen wieder lernen,
dass Qualität von Qual kommt.

*Hans-Hubert (Berti) Vogts*

# 4. Zweite Zwischenlandung: abseits!

Dass Gesichtsfarben sich den Jahreszeiten anpassen, fällt oft erst im Winter auf. Die Norddeutsche Tiefebene und ihre Menschen sind für mindestens drei Monate in ein apartes grau in grau getüncht. Nieselregen bei der Abfahrt in Hamburg, und ich habe mein Drei-Wetter-Taft vergessen. Vielleicht kann der Ansgar Bredenfeld, Teamchef der kickenden Roboter aus Bonn, mir helfen. Er nimmt mit seinen Spielern, die, vereinfacht gesagt, aus sechs Prozessoren mit Rollen unten dran bestehen, seit 1998 am RoboCup teil. Fußball spielende Roboter – was vor Jahrzehnten noch wie Science-Fiction geklungen hätte, ist Realität. Abwehrrecken, Flankengötter und Sturmspitzen aus anorganischer Materie? Captain Picard wäre begeistert. Im Jahre 2050, so die wohl eher spaßhaft aufzufassende Prognose der Veranstalter des RoboCup, wird ein Team aus Blechbüchsen Fußball-Weltmeister werden. Wahrscheinlicher scheint die Vorhersage zu sein, dass eine japanische Roboter-Mannschaft eher Weltmeister als ihre humanoiden Pendants werden - eine Annahme, die gerade in Japan diskutiert wird.

Bücher über Künstliche Intelligenz, gut und schön, aber ich fahre in erster Linie als Fan der mit Abstand schönsten und wichtigsten Sportart der Welt nach Bonn. Und noch etwas wiegt leicht im Gepäck: Fußball und Intelligenz wurden ohnehin für allzu lange Zeit für unvereinbare Sphären gehalten. Äußerst verdächtig waren bis tief in die 80er Jahre diejenigen, welche in den Bundesliga-Arenen ihre Birne nicht nur für den Kopfball nutzten, sondern sogar ihr Abitur damit bestanden hatten. Fußball bleibt halt die Schule für das Leben und eine Lektion darin ist, dass nicht immer der Intelligenteste gewinnt. Kampfsport oder Rasenschach, was setzt sich unter den Robotern durch, die seit 1997 ihren Weltmeister ermitteln?

Ob klassische oder Neue KI, ob Schach oder Fußball, in beiden Fällen stellt ein Spiel die Benchmark dar, um Fähigkeiten künstlicher Agenten vergleichen zu können. Die „Operation Schach" aber ist gelungen, der menschliche Patient mit der beruhigenden Diagnose „Sie funktionieren anders" als geheilt entlassen; nun muss das nächste Rätsel, vielleicht sogar noch größere Geheimnis menschlicher Existenz gelöst werden: Was bringt 22 Menschen dazu, einem Ball hinterherzuhetzen? Wobei diese Frage weniger psychologisch als funktional gestellt ist.

Die Pilgerfahrt zum neuen Fußballtempel, des technoiden „Auf Schalke" für Elektro-Fans, führt zum Institut für „Autonome intelligente Systeme", kurz AiS. Diese, seit 2001 an das Fraunhofer Institut angegliederte Forschungsstätte bemüht sich, Maschinen intelligentes Verhalten beizubringen. Recht erfolgreich, wie man im Untergrund der Stadt beobachten kann. Dort rollt ein Roboter des Instituts durch die Abwässerkanäle und kontrolliert deren Zustand. Der Bund finanziert die Entwicklung von klugen Robotern kräftig, denn man verspricht sich von den Agenten Hilfe an Orten, wo der Mensch ungern oder gar nicht arbeiten will. An der Spitze des AiS steht Thomas Christaller, Mitglied des Wissenschaftsrates bei Kanzler Gerhard Schröder. Christaller ist mit Männern wie Rolf Pfeifer und Rodney Brooks der Überzeugung, dass Intelligenz an einen Körper gebunden sein muss. In seinen Worten: „Die Möglichkeit, materiell in dieser Welt zu handeln und die Dinge über die Sinne wahrzunehmen, ist die essentielle Voraussetzung, um so etwas wie Intelligenz auszubilden."

Wenn dann noch soziales Verhalten, also der Kontakt von Robotern untereinander sowie das damit verbundene Lernen organisiert werden könnten, dann wären Maschinen intelligent. Bis dahin sei es aber noch ein weiter Weg, und dem Ball hinterherjagende Roboter seien ein kleiner Schritt in die korrekte Richtung.

Nicht nur das AiS setzt auf die verkörperte, mobile Intelligenz des Teams. Die Deutsche Forschungsgemeinschaft, DFG, fördert mit einem Schwerpunktprogramm die Wissenschaft vom künstlichen Kicken. Unter dem Titel „Kooperierende Teams mobiler Roboter in dynamischen Umgebungen“ (DFG-Schwerpunkt 1125 „RoboCup“) stehen drei Millionen Euro zur Verfügung, um dem deutschen Fußball wieder zu alter Größe zu verhelfen.

Die Kaffeemaschinen gurgeln ihr ewiges Lied durch die Gänge des Instituts. Das Büro von Ansgar Bredenfeld ist klein, zudem teilt er es sich mit einem weiteren Mitarbeiter. Ein ungestörtes Gespräch ist hier nicht möglich, also verziehen wir uns in den großen Besprechungsraum. Der promovierte Fußballtrainer Bredenfeld ist einer dieser kühlen Köpfe, die den deutschen Fußball so groß gemacht haben. Bredenfeld, 38, ist in erste Linie Techniker, um genau zu sein: ausgebildeter Elektrotechniker mit langjähriger Erfahrung im systemtechnischen Bereich. Sein Team leistet Wertarbeit, die zwar fußballerische Genialität und einen zentralen Spielmacher vermissen lässt, dafür aber mit kontinuierlich guten Ergebnissen bei den Turnieren aufwartet. Fehlender Spielwitz wird durch Kampf und solide Taktik wettgemacht.

Das Ziel ist klar, das Runde muss ins Eckige. Bevor das verbale Spiel angepfiffen wird, erklärt Bredenfeld die Spielregeln. Die AiS-Roboter treten in der Mmiddle-size-Liga auf einem 5 x 9 Meter großen Feld an. Damit kein Gedrängel herrscht, darf die Grundfläche der Flitzer 2025 $cm^2$ nicht übersteigen. Um es den visuellen Systemen der Roboter einfacher zu machen, herrschen knallige Farben vor. Der glatte Kunstrasen ist grün, der Ball orange und die beiden Tore gelb und blau. Bis zum Turnier 2001 in Seattle begrenzten Banden das Spielfeld, diese sind für das Turnier 2002 in Japan aufgehoben. Jede Mannschaft darf vier Roboter aufs Feld schicken, die zwar untereinander kommunizieren, nicht aber von außen gesteuert werden dürfen. Nur die Signale zum Starten nach dem Anpfiff und zum Stoppen bei Spielunterbrechungen dürfen von den menschlichen Erbauern gegeben werden. Nach einer Kollision muss der Roboter sich erkennbar vom

Gegner entfernen, sonst zückt der Schiedsrichter die gelbe Karte. So weit, so gut.

Kickender Roboter des Fraunhofer Instituts für autonome Systeme. Der Ball ist etwas kleiner als ein normaler Fußball. (Foto: AiS)

Der Schiedsrichter pfeift, Anstoß, die erste Kurzpass-Frage: Wie schafft das ein Roboter? Wie ist eine Maschine aufgebaut, die ohne Steuerung von außen, eben autonom, zum Torerfolg kommen will? Mannschaftskapitän Bredenfeld spielt erst einmal den Ball nach hinten und spricht: „Es existieren viele kleine Elementarverhalten, welche einer bestimmten Aufgabe zugeordnet sind und den Motor entsprechend instruieren. Die kann man isoliert betrachten und programmieren. Dies sind unsere Bausteine, unser Vokabular, um Verhalten zu generieren." Im Gegensatz zu einer strikten Programmierung mit einem genau vorgelegten und einzuhaltenden Pfad arbeiten die AiS-Roboter also mit kleinen Aktionseinheiten, die sich eigenständig an und auch wieder ausschalten.

Aber was bringt ein kleines Verhaltensprogramm, wie beispielsweise „vorwärts fahren, drei Sekunden später schießen" dazu, aktiv zu werden? An dieser Stelle kommen die Sensoren des Roboters ins Spiel, seine Fühler in die Welt, erklärt Bredenfeld. Deutlich prangt zum Beispiel eine Kamera auf dem kleinen Buggy, die um 360 Grad schwenkbar ist. Sie liefert dem Sub-Notebook, welches auf der rollenden Einheit mitgeführt wird, den nötigen Input. Das Programm entscheidet dann über die Aktivierung einer bestimmten Aktion. Neben der Kamera nutzen die AiS-Kikker noch Infrarotsensoren, um die Hindernisse auf dem Weg zum

Torerfolg zu erkennen. Klar: Die Robots des Gegners und manches Mal auch die eigenen Mitspieler gurken ebenso willensstark auf dem Feld rum. Um die eigenen Drehbewegungen zu erspüren sitzt zudem noch ein Gyroskop mit an Bord. Kein Sensor, aber elementar für das Spiel ist natürlich die Vorrichtung zum Torschuss. Der Kick-Mechanismus besteht aus einer konkav gebogenen Stange, hinter der zehn Bar Druckluft dem Roboter den nötigen Bumms verleihen.

„Sie sehen, mit Golem hat das nichts zu tun hier", sagt Bredenfeld. Die rollenden Kisten sehen tatsächlich nicht wie der Versuch aus, den Menschen ein zweites Mal zu erschaffen, wohl aber wie Automaten. Des Teamchefs Augen leuchten, als er seinen Spieler mit der Nummer 5 sanft hochhebt, um mir die Funktionseinheiten zeigen zu können ; es ist die Freude eines Technikers, ein komplexes System in den Armen halten zu können. Von der Konstruktion bis zu ersten Rollversuchen auf dem Feld – alle Spieler sind durchs Bredenfelds Hände und die seines Teams gegangen. Filigran sieht er aus, der Kicker, als er vor uns auf dem Tisch steht, um nicht zu sagen verletzlich. Kabel, silbrig glänzende Dosen, ein mit Klebeband befestigter Infrarotsensor und über der Einheit, schwebend, die Kamera. Die Stoßstangen von Nummer 5 sind durch einige Zweikämpfe deutlich ramponiert. Unvorstellbar, dass so ein rollendes Rindvieh in knapp 50 Jahren gegen einen Brasilianer einen Zweikampf gewinnen will. Wer haftet überhaupt, wenn ein kampfwütiger Roboter seinen Gegner verletzt? Die FIFA, der Hersteller oder gar der Roboter selbst?

Wie aber, so die Frage, werden die Aktionseinheiten untereinander koordiniert, oder läuft immer nur ein Verhalten pro Zeitpunkt ab? Konzentriert baut Bredenfeld sein Spiel im Mittelfeld auf: Wenn ein Hindernis von den Infrarot-Sensoren erkannt wird und die Kamera sieht zugleich einen orange Farbfleck, dann ist die Wahrscheinlichkeit hoch, dass dies der Ball ist. In dem Moment ergeht dann die Anordnung, die vorderen Abstandsensoren zu ignorieren. Die einzelnen Aktionen erfolgen dabei nicht nacheinander, sondern laufen parallel ab. Eine rein sequentielle Ausführung verschiedener Einheiten würde zu sehr abgehackten, sozusagen roboterhaften Bewegungen führen. Das läge am ständigen Umschalten zwischen verschiedenen Aktionen. Zudem könnte es zu Oszillationen zwischen Verhaltensoptionen kommen, wenn der Roboter sich zum Beispiel nicht zwischen Hindernisvermeidung und Torschuss entscheiden kann.

Bredenfeld kommt langsam in Fahrt und setzt zum ersten Torschuss der Partie an: „Wir gehen deshalb anders vor. Den Elementarverhalten wird bei ihrer Aktivierung ein Prozentwert ihres Aktivgrads zugewiesen. Das heißt, wenn die Elementarverhalten parallel laufen, dann ist eines beispielsweise nur zur Hälfte aktiviert, eines ist ganz aus, eines läuft ganz. Jedes der Verhalten gibt also einen Beitrag für die Motoren und das Gesamtverhalten ab." 1 : 0 durch einen wunderbaren Fernschuss vom Teamchef! Denn tatsächlich bewegen sich die Roboter mit der Geschmeidigkeit eines Giovane Elber auf dem Spielfeld. Tore verhindern, hinter den Ball fahren, verteidigen, dribbeln, stürmen, ausweichen, schießen; ein RoboCup-System vereint zwischen 50 und 80 Elementarverhalten, deren Kombination einen mehr oder weniger gut bolzenden Roboter gebiert.

Nun ist es aber nicht so, dass die Roboter direkt programmiert werden, denn alle Verhaltenseinheiten werden zunächst am PC erprobt. Das AiS hat von Anfang an parallel zum Bau der Robots eine aufwändige Simulationsplattform entwickelt. Kleine Programme werden geschrieben, getestet, und wenn sie sinnvoll agieren auf den echten Roboter überspielt. Auf dem Feld werden dann die Parameter optimiert. Die Simulationssoftware des AiS ist nicht auf die Fußball-Roboter beschränkt, sondern kann für andere autonome Systeme eingesetzt werden. Der Vorteil liegt auf der Hand, denn Simulationen sind mittlerweile wichtiges Werkzeug bei komplexen Aufgaben. Um nur ein Beispiel zu nennen: Auch die Bergung der „Kursk" wurde zunächst im Computer simuliert, bevor das russische nukleargetriebene U-Boot 2001 aus 108 Meter Tiefe gehoben wurde.

Im Gegensatz zu den heute oft zu sehenden spurgeführten

Fahrzeugen, die sich auf Schienen bewegen, sollen autonome Serviceroboter selbst den optimalen Weg zum Ziel finden. Ihre Programmierung gibt Rahmenbedingungen vor, in der Ausführung können sie flexibel reagieren. Um hier nicht der rosaroten Technikekstase zu verfallen: Die neuen Techniken bergen auch das Potential, den Überwachungsstaat neu und beklemmend effektiv zu organisieren. Der RoboCop wird nicht der menschenähnliche Terminator sein, eher das rollende Kleinstfahrzeug, das dezent subversive Subjekte observiert.

Läuft das Spiel an mir vorbei? Ein neuer Mann muss eingewechselt werden! Stollenkontrolle, kurzer Sprint aufs Feld, dann muss Ansgar Bredenfeld sie ertragen, die ewige Frage: Ist das alles intelligent? Seine trockene Antwort führt aus heiterem Himmel zum zweiten Treffer der Begegnung: „Unsere Roboter machen zielgerichtete Aktionen in koordinierter Weise, aber als Intelligenz würde ich das nicht bezeichnen. Aber das ist sowieso eine eher theoretische Diskussion innerhalb der Künstlichen Intelligenz." Schönes Tor, 2 : 0! Hier spricht der Kapitän eines der cleversten Teams der Welt, Viertelfinalteilnehmer bei der Weltmeisterschaft 2000 in Melbourne, deutscher Vizemeister 2001, ein Trophäensammler, und er stempelt seine Jungs als tumbe Knechte ab? Und nicht nur das, er hält die Diskussion um das Wesen der Intelligenz für „theoretisch", und so wie er das Wort aussprach, war es ein Synonym für „nutzlos". Hier heißt es nachzufragen.

Angriff ist die beste Verteidigung. Aber ein so komplexes System, das so viele Parameter berücksichtigt, kann doch als intelligent gelten, wende ich ein. Man sähe doch ein Verhalten, und wenn das von einem Menschen so erbracht würde, dann würde man diesen zweifellos als intelligent bezeichnen. Bredenfeld lässt sich durch die harmlose Attacke nicht aus dem Spiel bringen. Eine durch eine Sensorinformation ausgelöste Aktion ändere die Lage des Roboters in der Welt, und diese neue Lage würde wieder als Sensorinformation eingespeist. Feedbackschleifen auch hier, der Verhaltensregelkreis schließt sich über die Umwelt. „Der dadurch entstehende hohe Grad von Nicht-Determinismus führt dazu, dem Roboter eine Absichtlichkeit in seinen Aktionen zu unterstellen. Dann spricht man ihm leicht mehr zu, als in ihm tatsächlich programmiert ist." Das sei vor allem bei Kindern auf den Turnieren zu beobachten, schließt der Doktor.

So recht will das nicht überzeugen. Was sei denn für ihn das Kernkriterium für Intelligenz? Bredenfeld kontert mit einem Beispiel. „Wir haben bei den Spielen viele Kinder unter den Zuschauern, die enorm an den Robotern interessiert sind. Gerne versuchen sie den Robotern zu zeigen, wo der Ball ist. Unsere Robos sind nämlich so konstruiert, dass sie ständig den Ball fixieren, und wenn sie ihn nicht sehen, dann kreist die Kamera so lange, bis sie in wieder gefunden haben. Wenn ein Ball an ihnen vorbeiläuft, dann folgt die Kamera dem Ball. Das führt bei Kindern offenbar dazu, den Roboter als etwas zumindest kommunikationsfähiges anzusehen. Eine einfache Trackerfunktion wird hoch bewertet, weil ein Roboter halt in der Welt steht. Würde die visuelle Ballverfolgung nur auf einem Bildschirm stattfinden, dann würde da kein Hahn nach krähen. Aber weil das Programm verkörpert ist, wird ihm mehr unterstellt als softwaretechnisch zu rechtfertigen ist."

Die Animismus-Taktik prallt am Catenaccio-Bollwerk Bredenfelds ab, dieser Claudio Gentile der verhaltensbasierten KI verteidigt den Strafraum der seelenlosen Schaltkreise mit unerbittlicher Härte. Um diese Abwehr zu knacken, muss über die Flügel gespielt werden. Wann wäre denn ein System aus seiner Sicht intelligent? Bredenfelds zügiger Konter führt zum 3 : 0: „Intelligenz wäre für mich gegeben, wenn der Roboter von sich aus Voraussagen über das Verhalten seiner Mitspieler und Gegner macht. Das wäre eine beeindruckende Leistung. Aber ich stehe generell nicht so auf Schlagworte und ‚Künstliche Intelligenz' ist eines, welches mit vielen falschen Vorstellungen behaftet ist."

Schuss von der Strafraumgrenze... So könnte man die Bestrebungen der klassischen KI wohl beschreiben, nur durch reine Rechenleistung intelligentes Verhalten zu generieren. So sehen das jedenfalls die europäischen Vertreter einer pragmatischen

KI, die sich von elektronischen Allmachtsphantasien verabschiedet hat. Zu diesen gehört Bredenfeld unbedingt. Er selbst spricht der Neuen KI zu, „einen Teil der Erdung bewirkt zu haben", welche die Erforschung intelligenter Systeme heute vorantreibt. Die Erdung zeigt sich am deutlichsten in der These der Verkörperung. Intelligenz braucht den organischen oder anorganischen Körper nicht nur als Träger, sondern der Körper selbst besitzt eine immanente Intelligenz, die es zu nutzen gilt. Aber schon das führt Bredenfeld zu weit, er will mit seiner Mannschaft ungern im Abseits philosophischer Erwägungen stehen.

Aber zurück zu den Akteuren auf dem Platz. Zu jedem guten Team gehört der Teamgeist, die unsichtbare Verbindung zwischen den Mannschaftsmitgliedern. Der wird bei den AiS-Robots durch ein Funknetzwerk über TCP/IP repräsentiert. Über das Protokoll tauschen die Roboter ihre Positionen aus, jeder weiß vom anderen, wo er steht. Wird gestürmt, fährt der Spieler zum Ball, der diesem am nächsten steht. Was auf dem Papier gut klingt, führt in der Praxis allerdings nicht zu echter Teamarbeit, denn das gezielte Passen zum Mitspieler ist nicht möglich. Die Grundlage des Humanfußballs schlechthin, nämlich das Ausspielen des Gegners mithilfe des gezielten Passes, fehlt den Robo-Kickern völlig. Das scheitert an den damit verbundenen gewaltigen Koordinationsaufgaben. Ball annehmen, schauen, zügig abgeben, und das alles aus der Bewegung heraus – was für jeden Bubi selbstverständlich ist, stellt für die Roboter eine zurzeit unlösbare Aufgabe dar. So bleibt die soziale Komponente die schwächste. Das geht nicht nur dem AiS-Team so, die anderen Teams dieser Welt bestehen ebenfalls aus Individualisten, die zwar ein Auge für den Mitspieler haben, woraus aber nichts folgt.

Das führt das Gespräch zu den Aufgaben der Zukunft. Das Freiburger Team bereitet seinen Gegnern seit längerem Kopfschmerzen, weil ihre Roboter mit einem Laserscanner arbeiten und dadurch zu äußerst präzisen Selbstlokalisierungen fähig sind. Die das Spielfeld begrenzende Bande wurde sogar genutzt, um Torschüsse abzugeben. Auf einen Laserscanner will das Team um

Bredenfeld aber weiterhin verzichten. Zu teuer und aufwendig sei die Implementierung in die bestehenden Systeme.

Vielleicht nutzt es wieder, über die Flügel in den Strafraum einzudringen. Gibt es in Zukunft so etwas wie Taktiken? Oder stellt man die Automaten auf den Gegner ein? Wieder fackelt Bredenfeld nicht lange und befreit sich mit einem 30-Meter-Pass. „Wir entscheiden je nach Lage, ob wir mit einem oder zwei Stürmern spielen. Taktiken sind relativ einfach zu implementieren und können fast beliebig komplex werden. Wenn zum Beispiel ein Roboter länger den Ball nicht sieht, dann fährt er in die Abwehr zurück." Erneut wird der Vorteil der vorgelagerten Simulation deutlich. Neue Elementarverhalten können am PC simuliert und kombiniert werden, die Eignungsprüfung erfolgt später auf dem Feld.

Deutlich wird an diesem Beispiel auch die Stärke der Robots gegenüber dem Biokicker. Sie haben keine Probleme, den Anweisungen des Trainers zu folgen, mögen diese auch noch so kompliziert sein. Tief durchgerechnete Spielszenarien, taktische Aufstellungen, Verhalten nach Ballverlust –alles kein Problem, nur die Umsetzung in Bewegung, die Aktion mit dem Ball, stellt die Spieler vor enorme Aufgaben. So entwickeln sich menschlicher und technoider Fußball genau entgegengesetzt. Während ein junger Fußballspieler zunächst die optimale Koordinierung seiner Gliedmaßen erlernt und erst später taktische Zusammenhänge erkennen vermag und zu dem kommt, was man „das Spiel lesen" nennt, fährt der Roboter bereits beim ersten Auftritt mit enormem Wissen und fußballerischem Sachverstand aufs Feld, ist aber unfähig dies in exakt angepasstes Leibesverhalten umzusetzen. Die schon in den vergangenen Kapiteln herausgeschälte Wahrheit leuchtet erneut hervor, Rechenkraft alleine ist in der Welt der Gegenstände kein Garant für intelligentes, mithin erfolgreiches Verhalten. Schon in den Jugendmannschaften auf dem Dorf zeigt sich, dass Bewegungstalente auf dem Rasen keine Professoren als Eltern haben müssen. Oder, wie von einem Bundesligisten einst formuliert wurde: „Gib mich die Kirsche."

Eckball. Bredenfeld führt kurz aus. Das viel beschworene Lernen spiele eine untergeordnete Rolle bei den AiS-Systemen, denn wissenschaftlich lasse sich das zurzeit nur schwer realisieren. Aber, so mein Tackling, Antizipation könnte doch enorme Spielvorteile bringen. Experimentiert hätte man ja auch damit, gibt er zu, und dann erzählt der Teamchef: „Da haben wir vor zwei Jahren ein interessantes Experiment durchgeführt. Im Simulator haben wir ein neuronales Netz auf die Information trainiert, ob der simulierte Roboter in nächster Zeit den Ball verlieren wird. Wenn er das merkt, dann kann er eine Aktion ausführen, zum Beispiel den Ball wegschießen. In Melbourne haben wir das auch am echten Roboter ausprobiert, und es hat sich schon gezeigt, dass er in aussichtslosen Situationen den Ball tatsächlich kickt. Das haben wir aber nie weiterverfolgt."

Abpfiff, das Spiel ist aus. In einer einseitigen Partie schlagen die AiS-Kicker die Dilettanten aus Hamburg mit 3 : 0. Freundliches Händeschütteln unter den Spielern. Die Lehren aus dem KI-Kick liegen auf der Hand. Der Theoretiker ergeht sich schon im Vorfeld des Spiels in ausgefeilten Denktaktiken über das Wesen der Künstlichen Intelligenz und vergisst darüber den Kick. Dem Praktiker dagegen reicht ein gerüttelt Maß an Grundwissen, der Rest ergibt sich im Spiel. Es gilt die alte Fußballweisheit: „Was zählt ist auf dem Platz."

Spielerisch lernt es sich halt besser, die offene Frage ist, ob nur für die Entwickler oder auch für die Automaten. Weitere Fragen lassen sich stellen: Wird König Fußball von seinem Zauber verlieren, weil die zugrunde liegenden Mechanismen bald als offener Quellcode im Internet zur Verfügung stehen? Wird neben der Kommerzialisierung die Technisierung den letzten Funken verspielter Spontaneität löschen? Wird die Rolle des genialen Mittelfeldregisseurs von Ingenieuren übernommen? Oder mit noch mehr Pathos formuliert: Erstickt intelligentes, aber nüchternes Rasenschach das Feuer des emotionalen, unberechenbaren Spiels? Keine Angst, natürlich lassen sich alle diese albernen Fragen mit Nein beantworten.

Zurück im Hotel. Im Doppelbett träumt es sich doppelt gut (*Kalauer*), und die ramponierten Roboter rollen rachsüchtig durch mich durch. Der nächste Gegner ist immer der schwerste, dass wusste schon Sepp Herberger, und mein Gegner spielt in der Liga der Neurosen und heißt „Überall Automaten in der Welt". Die Nüchternheit Bredenfelds schickt mich seltsamerweise auf die Traumreise zur Insel der Automaten.

## Selbstbewegte und Traumfrauen

Griechische Götterversammlung. Zeus zufrieden, da seine Tochter Athena in der Nähe weilt, Apollon, wunderschön wie immer, Demeter sät, Dionysos sorgt für die Stimmung, plötzlich schwenken die riesigen Doppeltüren auf und herein kommen 20 metallene Dreifüße. Kopflos rollen sie bedrohlich klirrend auf goldenen Rädern durch den Saal, auch sie wollen dabei sein. Sie kommen im Auftrag des Technikexperten der Götter, dem Schmiedegott der Griechen, Hephaistos. Nun gut, eigentlich kommen sie im Auftrag Homers, der das Epos „Ilias" etwa 900 Jahre vor der Geburt von Christus verfasst hat. Bei seiner Arbeit lässt sich Hephaistos von Dienerinnen aus Gold unterstützen, deren Verstand in der Brust eingebaut ist. Homer gilt als Urheber eines Themas, welches sich seitdem durch die Literatur der westlichen Hemisphäre zieht. Schön ist auch das Bild, welches der Dichter Hesiod dem hinkenden Zeussohn Epimetheus unter die Achseln schiebt. Für ihn schmiedete Hephaistos eine goldene Jungfrau, auf die er sich stützen kann.

Bei den Griechen taucht zum ersten Mal in der westliche Kultur der Mythos von der artifiziell geschaffenen Frau auf. Die Damen sind freilich weniger seelische Stützen als vielmehr geistige Verwirrungspotenzen. Es wurde vermutet, dass Homer sich, wenn der Kunststoff schon erfunden worden wäre, auf eine aufblasbare Puppe beschränkt hätte. So öffnet Pandora, eine ebenfalls von Hephaistos konstruierte gar nicht holde Dame, im Hause des Epimetheus ihre kalte Büchse, und damit kommt das Unheil über die

Welt. In erster Linie, so darf man wohl feststellen, in Form einer sich ausbreitenden Literaturgattung, die das Weibliche als Kontrapunkt des Verstands setzt. Viele Schöpfungsmythen der patriarchalischen Kulturen konstruierten die Frau als Subjekt, die das Böse in die Welt bringt, der christliche Mythos erhöht die Fleischferne zur Religion. Das Faszinosum der weiblichen Maschine aber liegt nicht nur in ihrer Sexualität.

Ein weithin unberücksichtiges Phänomen in der Literatur ist die Darstellung der frühen, männlichen Techniker. Ihre Tätigkeit muss blasphemisch sein, warum sonst wird Prometheus angeschmiedet, warum sonst sind die mythischen Schmiede wie Hephaistos und Wieland lahm und böse? Der Techniker steht von jeher in dem Verdacht, mit finsteren Mächten in Verbindung zu stehen, und bis in die Neuzeit haftet ihm oft der Ruf eines unseriösen Schwindlers an.

Traumhaft sicher wagen wir den Sprung in genau diese Neuzeit. Die ersten tatsächlichen Automaten sind Uhren, sie sind das Vorbild für alle späteren Konstruktionen, die mit organischen Analogien spielen. Das Straßburger Münster schmückt schon 1354 eine Uhr, die mit bewegten Statuen läuft. Ein schmiedeeiserner Hahn ruckelt am Betrachter vorbei, um zwölf Uhr mittags öffnet er den Schnabel, sträubt die Federn und kräht widerlich. Es ist behauptet worden, dass dieses technische Meisterwerk einigen Denkern des 17. und 18. Jahrhunderts als ein Modell des Kosmos galt. Gott setzt die Initialbewegung, danach zieht er sich zurück, und alles läuft von selbst. Damit wird die Zeit unabhängig von biologischen, geologischen und astrologischen Rhythmen, hier erst entsteht das präzise, lineare Zeitgefühl. Tick, tack, tick, tack, Bewegung – Stillstand, der binäre Code kündigt sich pochend an. Nicht mehr der biologische, sondern der Puls der mechanischen Zeit bestimmt von nun an das Leben und Denken der Menschen. Jede Bewegung kann in vollkommen gleiche Abschnitte gerastert werden und ist damit vollkommen kalkulierbar.

Die Automaten des 18. und 19. Jahrhunderts werden von feinen Uhrwerken angetrieben. Auf Jahrmärkten und vor den Augen der Potentaten kreiselt singender Porzellan-Nippes, spielen Flötistinnen und Geiger, arbeiten Zeichner und Handwerker, winden sich Tänzerinnen. Friedrich von Knauss baut in der Mitte des 18. Jahrhunderts Flötenspieler, sprechende Köpfe und andere diffizile technologische Meisterleistungen. Die Schweizer Pierre (1721-1790) und Henri-Louis (1753-1791) Jaquet-Droz konstruieren einen kleinen schreibenden und einen zeichnenden Knaben sowie eine Klavier spielende Frau. Technische Realisierung und die Utopie eines künstlichen Menschen gehen schon damals Hand in Hand. Das wittern auch spanische Eiferer: Henri-Louis Jaquet-Droz muss bei einer Vorführung seiner Automaten auf der Iberischen Halbinsel fliehen, weil die strengen Katholiken in seinen Kreationen Teufelszeug sehen.

Die Literatur nimmt den Faden auf und spinnt daraus Erzählungen, die von den Kalamitäten des Umgangs zwischen Mensch und Automat handeln. Man könnte meinen, dass so etwas präzis Funktionierendes wie ein Automat eher dazu geeignet sei, das männliche Geschlecht zu tragen, es ist aber anders – Roman-Automaten sind meist weiblich: 1798 schreibt Jean Paul seine Satire von der „neuen angenehmen Frau von bloßem Holze“, 1800 verfasst Achim von Arnim seine „Bella“, und durch Jules Vernes Karpatenschloss wandert zum Ausklang des Jahrhunderts, 1892, „Stilla“.

Greifen wir ein Beispiel heraus: Der deutsche Schriftsteller E. T. A. Hoffmann beschreibt im Jahre 1815 die Liebe eines jungen Studenten zu einer Puppe, einer automatischen Frau. Obwohl die Dame mit Namen Olimpia in Abständen nur ein verblödetes „Ach, Ach!“ von sich gibt, ist Nathanael hell auf begeistert, verblendet, trotz eckiger, ungelenker Bewegungen schwerstens angetan. Diese Verlebendigung zieht sich durch das gesamte Werk Hoffmanns, wobei weniger das Funktionieren der Automaten bedeutend ist, sondern ihre Funktion: Sie dienen als Spiegel mit der Fähigkeit, das Innere des Menschen zum Vorschein zu bringen. Die tief im Inneren verborgenen Gefühle des Menschen benötigen die künstlichen Figuren geradezu, um sich ihren Weg an die Oberfläche des

Verhaltens bahnen zu können: Erst an den Seufzern Olimpias erhalten die Worte Nathanaels ihre Bedeutung. Die Seele des Menschen, so frotzelt Hoffmann, begreift sich erst an ihrem äußer(st)en Gegensatz, der seelenlosen Maschine. Nathanael ist die reine Idee, Olimpia die reine Materie. Sie ist die Form, er der Inhalt, von dieser dualistischen Spannung lebt das Stück. Körper und Geist treffen auf- und finden nicht zueinander.

Für E. T .A. Hoffmann sind Automaten keine Gespenster; zwei Jahre vorher, im Oktober 1813, sieht er in Dresden das mechanisch-musikalische Ensemble von Vater und Sohn Kaufmann, darunter befindet sich eine drehende Klavierspielerin und ein Trompeter. In seiner Erzählung „Die Automate" sorgt ein sprechender Türke für Aufsehen. Hoffmann greift hier auf den realen, damals in ganz Europa bekannten Schach spielenden Türken von Wolfgang von Kempelen zurück. Im Inneren einer Kiste, auf die eine Puppe mit Turban gesetzt ist, werkelte neben einer diffizilen Mechanik zwar auch ein schachkundiger Zwerg, die Täuschung ist aber so gut gelungen, dass der Türke durch ganz Europa reist. Friedrich der Große zahlt eine horrende Summe für den Türken, verliert aber schnell das Interesse an der Kiste, als er den Schwindel entdeckt. 1809 verliert Napoleon eine Partie, nicht ahnend, dass sich Johann Allgaier, einer der besten Schachspieler der damaligen Zeit, im Kasten befindet. Die Wechselbeziehung von Schach, Intelligenz und Maschinen bleibt Thema: Ambrose Bierce notiert bereits 1880 seine Kurzgeschichte „Moxon's Master", in welcher ein Schachautomat seinen Erbauer auf bestialische oder sagen wir besser maschinell gründliche Weise seziert, nur weil er eine Partie gegen den armen Mann verliert.

Die Mechanisierung der Außenwelt führt natürlich auch zu Umschichtungen des Mentalzustands der Menschen. Schiller stirbt 1805 und mit ihm der deutsche Idealismus. Das Lust- weicht dem Leistungsprinzip, zudem wird ein Prozess der Aufklärung weitergetrieben: Wo die Renaissance die Perspektive neu erfand, erhebt der Realismus der Postromantik den abstrahierten Blick zum Königssinn. Tasten, Riechen, Fühlen, Schmecken wahren kaum Abstand, der Blick schon. Lust verwandelt sich so in Augenschmaus, keiner der weiblichen Automaten frönt den wollüstigen Freuden. Ein inniger Zeuge der Zeit, Thomas Carlyle, stöhnt in der Mitte des 18. Jahrhunderts: „Nicht allein das Äußere und Physische wird jetzt von der Maschine beherrscht, sondern auch das Innere. Ein und dieselbe Gewohnheit reguliert unsere Handlungsweise wie unsere Denk- und Fühlweise. Die Menschen sind in ihren Herzen und Köpfen ebenso mechanisch geworden, wie in ihren Händen." An die Stelle des Analogieschlusses, der mit physiognomischem Blick organisch Zusammengehöriges erfasst, tritt der Induktionsschluss des Wissenschaftlers, der aus aneinander gereihten Einzelfällen das gemeinschaftliche Maß errechnet, Quantität tritt an die Stelle der Qualität. Hier liegt die Wiege des digitalen Kosmos – denn ab jetzt ist alles nur eine Frage von Dekomposition und Komposition. Analoges kann, wenn man es nur lange genug zerkleinert, digital aufgelöst werden.

Berechnung ist das Thema der Zeit, exakte Automaten wie die immer populärer werdenden Rechenmaschinen setzen sich in den Köpfen der Menschen fest. Schon 1770 stellt ein Pfarrer aus Kornwestheim eine kalkulierende Staffelwalzenmaschine her. Wie viele Maschinen zuvor und danach beruht sie auf den Entwürfen des Philosophen Leibniz, im Gegensatz zu dessen Konstruktionen läuft sie aber zufriedenstellend. Aber erst Mitte des 19. Jahrhunderts setzen sich die Kalkulatoren tatsächlich durch, die „Thomas-Maschine" geht in die industrielle Produktion, sie wird über einen Zeitraum von mehr als 100 Jahren vertrieben. Als ihr Erfinder Charles Xavier Thomas de Colmar 1870 stirbt, ist sie seit zwei Jahrzehnten die weltweit einzig erfolgreich produzierte Rechenmaschine, die per Räderwerk die Grundrechenarten beherrscht. Noch sinnträchtiger ist die Erfindung des Amerikaners Samuel Morse. Kurz–lang, kurz–lang, 1838 stellt er einer erstaunten Öffentlichkeit sein zweiwertiges Alphabet vor, und wieder ist die binäre Quantifizierung der Wirklichkeit fortgeschritten.

Uhren, Rechenmaschinen, dampfgetriebene Schiffe, Lokomotiven und Druckerpressen – die Welt funktioniert mechanisch, dem Zeit-Geist folgend. Und noch ein Phänomen zeigt die Mechanisierung der Epoche: Der Bankzettel ersetzt endgültig das gemünzte Gold. Selbstverständlich gab es schon früher Papiergeld, aber erst jetzt wird es zum Helden des Tages und der Ära. In der Geldwirtschaft und der neuen Naturwissenschaft wirkt die Begabung und Neigung, rechnerisch zu denken, womöglich alles in weltgültigen Abstraktionen auszudrücken. Ansehen, Persönlichkeit, Schönheit, Glück, das alles lässt sich scheinbar arithmetisch darstellen. Beides, Rechenkraft und Geld, sind Materie gewordener Positivismus, die Formel, unter die sich schlechterdings alles bringen lässt. Es dauert weitere eineinhalb Jahrhunderte, bis im Jahr 2000 der König der Rechner auch der reichste Mann der Welt ist.

Aber zurück zum Projekt der Automaten. Die weiblichen Androiden der Literatur folgen einem Schema, welches heutige Feministen auf die Palme bringt. Die Kunstfrauen des 18. und 19. Jahrhunderts sind sanft und aufmerksam, geduldig und damit auch gehorsam, auf alle Fälle nie doppeldeutig. Die kalten Geräte leben dabei allein durch ihr Äußeres, ihre Weiblichkeit reduziert sich glatt auf ihre Schönheit. Dies entleert die Damen so gründlich, dass nur noch eine Hülle, ein Püppchen, übrig bleibt. Und nun? Tja, nun ist ihr Innenraum frei, um mit den Imaginationen, oder sagen wir besser mit den lüsternen Fantasien, der Männer gefüllt zu werden. Aber der Akt wird zum kalten Bauer, in keinem der Romane vereinigen sich die Paare in rauschender Wollust, die Liebe bleibt geistig.

In den Geschichten von artifiziell erschaffenen Frauen wiederholt sich ein Schema: Ein Auftraggeber, ein Schöpfer und ein späteres Opfer, immer Männer, beteiligen sich an dem Plan zur Frauenkreation. Gewünscht ist die gefügige Gefährtin, welche die ewige Sehnsucht des Mannes nach Verfügbarkeit und Beherrschung der weiblichen Sexualität erfüllt. Denn der Mann kann und will bekanntlich immer. Um mal zu assoziieren: ficken oder töten, das sagt das Testosteron in ihm, Freund oder Feind, das sagt Carl Schmitt, an und aus der Mechaniker, Ja oder Nein der Logiker. Und was sagt die Frau? Leise lächelnd kommt über ihre Lippen ein „… vielleicht". Sie ist die verkörperte Chance, das Eventuelle, die Hoffnung auf das Erfüllen, somit das oszillierende Element zwischen den binär-banalen Wahrheiten von Richtig und Falsch. In ihrem Innersten fühlt sie, dass man unlogisch und trotzdem richtig handeln kann.

Aus dieser Sicht bestätigt sich die immer wieder geäußerte These, dass die Weltgeschichte Weiblichkeit als Natur, Männlichkeit als Kultur stilisiert. Fest steht, dass Männern nur das Mittel der künstlichen Erschaffung bleibt. Der Mann, so wird dann weiter vermutet, ist seit Jahrtausenden von dem Wunsch getrieben, selbst Schöpfer von Leben ohne weibliche Hilfe zu werden. Die damit verbundene Unabhängigkeit von Frauen impliziert zugleich auch die Beherrschung der Natur. Diese Sicht macht den Mann zum ewigen Ingenieur, der auf seinem Weg erst zerstören muss, um neu zu schaffen.

Schon das Beispiel des Hephaistos zeigt, dass die künstliche Erschaffung des Menschen Sache der Handwerker ist. Seither sind sie es, und nicht die Philosophen oder Kleriker, die für das menschliche Bedürfnis der Überwindung des Todes zuständig sind. Damit kein falscher Eindruck entsteht: Reale Automaten sind durchaus das, wofür sie gemeinhin gehalten werden, nämlich verlängerte Gliedmaßen des Menschen. Zugleich sind sie damit aber auch Repräsentanten des menschlichen Willens. Die Literatur legt schon früh den Faden aus, den die heutige KI mühevoll sucht: Wie losgelöst von diesem Willen kann und darf ein Automat sein? Erst wenn dieser Faden bis zum Reißen gedehnt wird, ist man im Kosmos angelangt, dem Ort, wo die Unsterblichkeit lockt. An dieser Losgelöstheit von den irdischen Verbindungen machen sich die Ängste der Menschen vor der Wissenschaft fest. Die Dichter der Romantik sehen im Automatenbau eine Verhöhnung des geistigen Prinzips, das ihrer Meinung nach in allem Lebendigen waltet. Seither ist das Schrifttum zu Automaten und Robotern immer auch Kritik am Wissenschaftsoptimismus der jeweiligen Zeit.

Von den romantischen über die fantastischen Werke des ausgehenden Jahrhunderts bis zu den Spielfilmen der heutigen Zeit: Das Genre ist, obwohl es überzeichnet, eben nicht nur Schauerliteratur und moderne Form der Ammenmärchen. Dichter spüren den Puls einer Zeit oft feinfühliger als die verstrickten Wissenschaftler und Kaufleute. Die fantastische Literatur propagiert bereits ab der Jahrhundertwende die Omnipräsenz und Omnipotenz der automatischen Rechner, während noch 1943 IBM-Chef Thomas Watson den zukünftigen Bedarf an Computern auf weltweit fünf Exemplare schätzt. Von daher ist das Darstellen der literarisch-historischen Vorläufer der KI kein Projekt eines universitären Seminars, sondern notwendige Arbeit, um die unterirdischen Verwandtschaften zwischen harter Wissenschaft und Literatur aufzuzeigen. Um noch einen Beweis zu erbringen: Kurz nach dem Zweiten Weltkrieg schreibt Murray Leinster in einer Kurzgeschichte folgende Sätze über einen Zentralcomputer, an den alle amerikanischen Haushalte angeschlossen sind:

„Er erledigt die Verbreitung von vierundneunzig Prozent aller Fernsehprogramme, vermittelt alle Informationen über Wetter, Luftverkehr, Sonderangebote, Stellenangebote und allgemeine Neuigkeiten, stellt alle Kontakte von Person zu Person über Drähte her und dokumentiert jeden Vertrag."

Und weiter: „Die Computer ‚sind' die Zivilisation. Wenn wir die Computer abschalten, fallen wir in eine Art von Zivilisation zurück, von der wir vergessen haben, wie sie geht." Was mag ein Wissenschaftler von diesen Worten, geschrieben 1946, gedacht haben?

Wenn die literarischen Automaten keine Frauen sind, dann sind sie Knechte. Den Kunstsklaven werden seit den griechischen Epen Aufgaben zugewiesen, deren Erfüllung Menschen ungern angehen, sei es aus gesundheitlichen, sei es aus moralischen Gründen. Die Beispiele sind zahlreich: Die Bewachung der Insel Kreta wird einem eisernen Riesen aufgetragen, in Sparta nimmt sich eine Eisenfrau säumige Steuerzahler zur nagelbewehrten Brust, Karl Leberecht Immermann lässt in seiner Erzählung „Der Grübelmaschinist und sein Dampfbegleiter" einen mechanischen Gepäckträger für sich arbeiten. Die konstruierten Handlanger führt der tschechische Dramatiker Karel Capek schließlich 1921 zu seinem zukunftsweisenden Theaterstück „Rossums Universal Robots“ zusammen. „Robot“, das heißt im Tschechischen so viel wie Arbeit. Capek entwirft eine Welt, in der Maschinenarbeiter die harte Arbeit anstelle des Menschen verrichten. Erst seit dieser Zeit wackelt der Ausdruck „Roboter“ durch die Geschichte. Eigentlich nicht ganz korrekt, die Roboter Capeks sind biologischen Ursprungs und von daher den Cyborgs zuzurechnen. Wohl auch nur deswegen entdecken in dem Stück zwei aus der Art geschlagene Exemplare die Liebe. Aber egal. Auch der Begriff der „Robotik“, der die Ingenieursdisziplin beschreibt, die sich der Konstruktion von eben diesen Robotern widmet, ist keine Erfindung eines Wissenschaftlers. Er wurde vom Schriftsteller Isaac Asimov geprägt.

Schon als Student in den USA schreibt Asimov technisch-theoretische Kurzgeschichten, ein Kommilitone von ihm, ein Mann namens Joseph Engelberger, ist begeisterter Leser der Storys. Davon inspiriert gründet er Anfang der 50er Jahre des 20. Jahrhunderts mit einem Partner die Firma „Unimation“ mit dem Ziel, die bis dahin fiktiven Roboter tatsächlich zu bauen. Zunächst bestellt General Motors 66 Exemplare, bald darauf lädt die japanische Regierung Engelberger ein, dieser stellt den „Unimate“ vor über 500 begeisterten Managern vor. Es beginnt der Siegeszug des Industrieroboters in Japan. Als Hersteller bleibt Unimation bis in die 80er Jahre hinein Weltmarktführer.

Sicher, maschinelle Automaten erhöhen die Lebensqualität, an ihnen zeigt sich aber zugleich die Ambivalenz der Technik: Nicht dass ihr Einsatz Arbeitsplätze wegfegt, nein, das Wesentliche ist, dass der Kuli von nun an in Symbiose mit den Maschinen leben muss. Das Orchester der normierten Handreichungen beginnt und die Maschine spielt hier vernehmlich die erste Geige. Das Resultat ist eine Entfremdung von der Arbeit, genau dies problematisiert Karl Marx. Dass der Mensch eine Maschine ist, wird zur soziologischen Metapher, nicht zur ontologischen Vermutung, wie noch Descartes sie vornahm. Im 20. Jahrhundert ist es schließlich der Taylorismus, der die Maschinenwerdung des Menschen auf die Spitze treibt. Frederick Winslow Taylor entwirft ein hierarchisches Managementsystem, in welchem im Sinne einer möglichst ökonomischen Organisation menschliche und maschinengestützte Bewegungen zusammenfallen. Damit ist klar: Die Maschine ist nicht nur verlängerte Gliedmaße des Menschen, der Mensch wird auch zum Anhängsel der Maschine. Moderne Zeiten brechen an, und folgerichtig dreht Charlie Chaplin sich als Zahnrad im Getriebe der industriellen Fertigung, denn von nun an bestimmt der Takt der Maschinen die Arbeitsgeschwindigkeit. Taylor schreibt 1911: „In der Vergangenheit kam der Mensch zuerst, in der Zukunft muss das System zuerst kommen."

Das klingt nach „Die Partei hat immer recht!", und wahrlich liegen der vorbildliche Kapitalismus von Taylor und Henry Ford sowie der praktizierte Kommunismus in ihrem Menschenbild nicht weit auseinander. Lenin befindet sich mit seinem sowjetischen Kollektivismus auf der Höhe der Zeit, er fordert, das Individuum zugunsten des zentralistischen Ganzen verschwinden zu lassen. „Plan erfüllt?", fragt er gerne, wenn er sich denn wieder einmal von seinen Tobsuchtsanfällen erholt hat, die ihn beim Anblick von ungespitzten Bleistiften auf seinem Schreibtisch überkommen.

Der Erste Weltkrieg zeigt auf seine Weise die fortgeschrittene Mechanisierung des Menschen. Der Soldat wird zum „Menschenmaterial" und dient als willenloser Befehlsempfänger den Bedürfnissen der Kriegsautomaten aus Stahl. Die Kultur problematisiert diese Effekte der industriellen Revolution nach Herzenslust und nicht immer so komisch wie in Chaplins „Modernen Zeiten". Zehn Jahre zuvor betört ein weiblicher Roboter die Arbeiter in der unterirdischen Stadt „Metropolis". Fritz Langs expressionistisches Epos zeigt zunächst den aussichtslosen Kampf des Menschen gegen den Technik-Moloch. Ein gehöriger Schuss Schmalz bringt Lang und seine Freundin und Autorin Thea von Habrou dazu unter Umgehung des Tarifrechts alle Probleme in einer sentimentalen Liebesgeschichte aufzulösen. Die Darstellerin Brigitte Helm muss in der angefertigten Rüstung Torturen ertragen, weil die Dreharbeiten sich so lange hinzogen, dass ihr junger, noch wachsender Körper aus der künstlichen Form platzen wollte.

Wichtiger ist aber: Die Geburt der künstlichen Frau ist seither tief in das visuelle Gedächtnis des 20. Jahrhunderts eingegraben. Mit der Roboter-Marie wurde die Ikone des Maschinenzeitalters geboren; Madonna wird den Style später kopieren. Wo bis dahin die Fantasie ihr Werk verrichten musste, kann der Illusionsapparat filmischer Tricktechnik von nun an dem Unsichtbaren eine sichtbare Form geben. Wie schon die alten Romane spielt der Film mit den traditionellen Geschlechtervorstellungen: Während Maria die gnädige Jungfrau mimt, bleibt ihrer Verdoppelung, der Roboter-Maria, nur die Rolle des Vamps. Hier Heilige, dort Hexe, und wieder ist es ein Mann, der in einem Akt der äußersten Beherrschung der Natur das neue Wesen schafft. Maschinenmenschen sind seit „Metropolis" Grundfiguren, von denen das Kino nicht mehr loskommt. Und meist dominiert die Angst vor dem Geschaffenen, wird die Tat als Akt faustischer „Gotteslästerung" angeprangert und später auch bestraft.

Die Möglichkeiten der filmischen Technik voll ausschöpfend, mobilisiert das Kino seither Vorstellungen der totalen Technologisierung des Lebens; Fantasien, in denen die Begrenzungen durch Physik und vor allem Zeit und Raum aufgehoben sind. Einer der gehaltvollsten Filme ist sicherlich Stanley Kubricks „2001 –Odyssee im Weltraum". Dieses Werk kreiert aus systematischen Gründen keinen Star, kein Gesicht. So wie die Schauspieler gesichtslos sind, so agiert der Film an der Grenze des Verschwindens des Menschen. Keine persönliche Geste, kein physiognomisch werdendes Gefühl, kein mimischer Eindruck prägt sich ein – alle Menschen sind wie jeder und jeder ist wie keiner. Die Diva ist zweifelsohne HAL, der Computer mit der sonoren, aber beklemmenden Stimme. Kubrick trifft das oben angesprochene Problem der objektiven Betrachtung der Subjektivität sehr gut, als er den Astronauten Bowman auf die Frage, ob HAL jemals Gefühle haben könne, sagen lässt: „Ja, er reagiert so, als würde er Gefühle haben. Natürlich ist er so programmiert, damit es uns leichter fällt, mit ihm zu reden. Aber ob er wirklich Gefühle hat – ich glaube das ist eine Frage, die wir nie mit Sicherheit beantworten können." Später ist es vor allen anderen HAL, der die Abschaltung, seinen Tod, herzerweichend kommentiert. Selbstredend weist auch Kubrick auf die Ambivalenz der Technik hin, indem er HAL die Missionsziele als wichtiger einschätzen lässt als allgemeine ethische Grundsätze: HAL sperrt die Astronauten im tödlichen Weltall aus.

Brisanter aber ist Kubricks anderer Kulturpessimismus: Jenseits aller metaphysischen oder religiösen Einbettung, so spricht der Film, treiben wir einer kosmischen Einsamkeit und menschenlosen Technik entgegen. Die Odyssee der Technikgeschichte ist von allem Anfang an von zölibatären Machtfantasien erfüllt. Der Film ist nicht umsonst radikal eingeschlechtlich. Bei einem Reparatur-Ausflug in den Weltraum ist der Astronaut durch eine Nabelschnur mit dem Mutterschiff verbunden. HAL ist die größtmögliche Abstraktion vom Heimatplaneten Erde, der Terra Mater, und übernimmt deren lebensspendende Funktion.[6]

Der Donnerhall apokalyptischer Epen ist kassenwirksam, seltener setzt die Filmindustrie auf die ironische Verarbeitung der Technik. Douglas Adams entwirft den depressiven Roboter Marvin, der an der Langeweile des Oberschlauen leidet. „Leben", sagt Marvin trübselig, „verabscheue oder ignoriere es, mögen kannst du es nicht." Hier wird die Technik endlich einmal spöttisch ad absurdum geführt. Adams zeigt elektrische Mönche, welche für den Menschen gewisse Dinge glauben, damit dieser nicht mehr selbst glauben muss. In dieser Welt schauen sich Videoautomaten für den Menschen Filme an, damit er das nicht mehr selbst leisten muss. Das Problem der kontextgebundenen Sprachverarbeitung parodiert Adams auf seine Weise: Ein Android ballert um sich, als ihn ein Pförtner mit den Worten begrüßt: „Na, dann schießen Sie mal los."

[6] Dazu Hartmut Böhme unter http://www.culture.hu-berlin.de/HB

Noch kräftiger geht es in den beiden „Terminator"-Streifen zu (1984 und 1992), in denen Arnold Schwarzenegger voll in Leder durch die Gegend rauscht. Sie zeichnen ein düster apokalyptisches Zukunftsbild, in der die Maschinen zum finalen Angriff auf die menschliche Spezies blasen. James Cameron ist mit der Besetzung durch Arnold Schwarzenegger ein Griff ins Glück gelungen. Das Erfolgsrezept aus seinem Mund: „Du transformierst einen Mann, der ohnehin schon fast Superman ist, in eine Maschine, und dann vermenschlichst du die Maschine, damit die Leute sich mit ihm identifizieren können." Zwischen den beiden Versionen des universellen Albtraums liegen acht Jahre, Zeit genug, um aus der bösen Maschine einen guten und verdammt menschenähnlichen Androiden zu machen. In der zweiten Folge ist der Android zwar veraltet und hat mächtige Probleme, neben dem flüssigen Nebenbuhler zu bestehen, aber Arnold ist lernfähig, steht auf der Seite der Menschheit und stirbt schließlich für sie. Die Nachricht des Films: Wenn Arnold ein Android ist, dann sind wir es alle.

So weit würde man bei Gestalten wie 3CPO und R2D2 aus der „Star Wars"-Reihe nie gehen. Sie bleiben aufgrund von Form und Trotteligkeit in der maschinellen Sphäre, vielleicht vermenschlicht, sicher aber intelligent. Anders ist dies bei Data, dem legitimen Nachfolger von Spock auf der neuen Enterprise. Hatte sich Spock mit seinem unterdrückten Gefühlsleben weithin abgefunden, ist es für Commander Data ein dringendes Bedürfnis, endlich diese Höhen und Abgründe kennen zu lernen. Warum? Nun, eine völlig gefühllose Maschine würde den heilen sozialen Kosmos des Raumschiffs stören, und noch schlimmer: Der Zuschauer wäre kaum bereit, sich mit ihm zu identifizieren. Generationen von Wissenschaftlern, so hat man sogar in empirischen Erhebungen festgestellt, verbringen Stunden vor der Glotze, um die Abenteuer des Raumschiffs Enterprise zu verfolgen. Kaum eine Serie hat das Bewusstsein der amerikanischen Seele so sehr geprägt wie „Star Trek I und II". Ihr Erfinder, Gene Roddenberry, beschreibt deren optimistisches Zukunftsbild in diesen Worten:

„Die Enterprise ist auch ein Symbol für die große Hoffnung, die die Technologie im Dienste der Menschheit bietet. In ‚Star Trek' versuchen wir immer zu zeigen, dass die Technologie nicht um ihrer selbst willen existiert, sondern als Werkzeug, mit dem wir Menschen besser nach unseren Träumen greifen können." Data, der freundliche Android, ist die vorläufige Krönung dieses Strebens. Dessen „positronisches Gehirn", eine Art Supercomputer, stolpert immer wieder über ein Problem: Er will Gefühle lernen, ohne Gefühle zu erfahren. Die gut gemeinten Erklärungen durch die Crew scheitern daran, dass Gefühle sich meist nur durch andere Gefühle beschreiben lassen. Gerade die jüngeren, technophilen Zuschauer, die späteren Nerds im Silicon Valley, erkennen sich selbst in Data und in einem Umkehrschluss auch den Data in sich.

Aber das weitestreichende Konzept, das schönste Rätsel, den größten Ballon des 20. Jahrhunderts bläst Philip K. Dick auf. Sein Buch „Do Androids Dream of Electric Sheep?" wird zur Vorlage des Klassikers „Blade Runner". In dem kurzweiligen Buch führt der Autor einen Turing-Test ein, mit dem man die „Replikanten" erkennen kann. Dabei misst ein Testgerät Verzögerungen der Kapillarerweiterung im Gesicht der Testperson, eine Reaktion auf einen emotionalen Reiz. Der Mensch reagiert unbewusst, der Android muss sich entscheiden, ob er mit Gefühlen reagieren muss oder nicht. Dieser kleine Zeitunterschied reicht aus, um Mensch und Maschine zu erkennen. Dick hebt damit weit vor Damasio die Relevanz der Gefühle hervor.

Die Androiden bedrohen allein durch ihre Perfektion die Einmaligkeit und Überlegenheit des Menschen. Aber nicht nur das: Ein verschärftes Replikantenmodell und Harrison Ford gehen ein romantisches Tauschgeschäft ein: Er lehrt sie zu lieben, und sie zeigt ihm seine Abhängigkeit von fremden Kräften, seinen Verlust an Freiheit durch seinen stupiden Job, mithin seine Künstlichkeit. Damit zeigt der Film von Ridley Scott eine Welt, in der die Unterschiede zwischen Wahrem und Falschem, Realem und Imaginärem, Organischem und Mechanischem, Menschlichem und Nichtmenschlichem radikal in Frage gestellt werden. Die totale Simulation führt so weit, dass am Ende unklar bleibt, ob Rick Deckard nicht selbst ein Replikant ist. Seit dieser Zeit thematisiert der intelligente Science-Fiction-Film weniger simple Schreckensvisionen, sondern ergeht sich in opulenten Gedankenspielen über die Neubestimmung des Menschen. Und diese Neubestimmung ergibt sich zu einem großen Teil aus seinem Verhältnis zu Entitäten, die im Zwischenbereich von Organischem und Anorganischem existieren.

Jeder Traum hat ein Ende. Die Realität einer Reise hat mich wieder, der Mitropa-Kaffee lockt. Ich bin unsicher: Wie hängen meine Träume, die Träume der Menschheit und die Wirklichkeit der KI-Wissenschaft zusammen? Ist das ein Freilegen von Wurzeln oder eine Konstruktion von Geflecht? In welchen Instituten haben sie sich verschanzt, die Einpeitscher auf der Cyborg-Galeere, wo sind sie, diese gottlosen Gesellen, gibt es sie überhaupt, die Apologeten des reinen Geistes in der Maschine, und welcher Charakter treibt die mutterlandslosen Subjekte, die das Fleisch durch die Technik überwinden wollen? Oder: Sind intelligente Roboter nur das Larvenstadium, aus der sich ein Schmetterling der menschengleichen Entitäten aufschwingen wird? Ist die Verschmelzung zur Mensch-Maschine der dringend zu vollziehende nächste Schritt der Evolution? Ist die Zukunft nur als Techno-Symbiose denkbar?

Aus bloßem Verstande kömmt keine Philosophie.

*Friedrich Hölderlin, „Hyperion"*

# 5. Zivilisationshype: amerikanische Träume

Die Fahrstuhltür schiebt auf und heraus kommt ein rotes Tuch. Einigen Autoritäten schwillt der Kamm, wenn das Gespräch zu ihm und seinen Ansichten führt, andere halten ihn für die Kassandra eines Fachbereichs, wieder andere erheben ihn zu dem KI-Philosophen, weil er die Amoralität der Branche aufgedeckt hat. Die wenigsten aber winken gelangweilt ab, denn der Mann ist eine lebende Legende, einer der wenigen Gelehrten der Informatik und Künstlichen Intelligenz, die weit über die Grenzen des Forschungsgebiets prominent sind. Dementsprechend werfe ich mich in der Hotellobby verbal auf die Knie, was ihn mehr irritiert denn kalt lässt. Er hilft mir auf, ich stammle noch was von „Eine Ehre Sie hier zu treffen ...", dann gehen wir zur Sitzgruppe hinüber.

Mir gegenüber sitzt Joseph Weizenbaum, unter dessen Namen in Fernsehinterviews oft das Wort „Computerpionier" flackert – er arbeitet bereits 1955 am ersten Computersystem für die Bank of America mit. Als er zwischen 1964 und 1966 die Tastatur-Psychiaterin ELIZA programmiert, ahnt er nicht, dass selbst einige seiner Kollegen das Programm für voll nehmen werden. Der Schock darüber wirkt bis heute nach. Eine Maschine mit menschlichen Eigenschaften? Das ist für Weizenbaum seit ELIZA nur ein Kategorienfehler des Betrachters.

Wir wärmen uns mit einem Plausch über den letzten Streifen von Steven Spielberg auf, der den programmatischen Titel „A. I." trägt. „Etwas über A. I. lernen kann man durch den Film nicht, es geht um eine rührige Mutter-Kind Beziehung", ärgert sich Weizenbaum. Ich frage nach der vorbehaltlosen Liebe gegenüber seiner menschlichen Mutter, die dem Jungen einprogrammiert ist, Weizenbaum lächelt neckisch: „Ach, wissen Sie, bedingungslose Liebe, die haben wir ja bereits in dieser Welt: Wir nennen es Hund. Ob wir das noch mal als künstliches Produkt brauchen? Ich bin da unsicher."

Das Schlagwort der Künstlichen Intelligenz wird seit der historischen Konferenz 1956 in Dartmouth von einem Glatzkopf visualisiert, an dem sich alle behaarten Antagonisten reiben können, Marvin Minsky. Um es vorwegzunehmen: Vieles, ja, fast alles, was heute von den Primadonnen der Künstlichen Intelligenz wie Hans Moravec und Ray Kurzweil als neue Hauptspeise auf der Menukarte publiziert wird, ist eine aufgewärmte Suppe, die der Meisterkoch des Posthumanismus schon vor 40 Jahren erhitzt hat.

Um ehrlich zu bleiben, ja, dieses Kapitel will Ihnen diese Suppe versalzen, sich der Demontage des Gerüsts widmen, das die so genannten „KI-Päpste" hochgezogen haben. Aber vielleicht kommt es ja ganz anders. Eine Demontage kann auf zweierlei Wegen geschehen. Zum einen kann die Unmenschlichkeit der Entwürfe herausgearbeitet werden; eine Aufgabe, der sich Ethik-Liebhaber wie der Mann in der Hotellobby verschrieben haben. Leider interessiert Ethik diese spirituellen Führer kaum. Darum ist es sinnvoll, sie dort abzuholen, wo ihre interne Logik greift, ihnen das Heimspiel anzubieten und mit ihnen gemeinsam das Match nach ihren Regeln zu spielen.

Gemeinsam mit John McCarthy gründet Marvin Minsky 1959 das KI-Labor am schon damals renommierten, zungenbrecherischen „Massachusetts Institute for Technology", kurz MIT. Ist die Wahl dieses Ortes Zufall? Nein, sie konnte gar nicht anders ausfallen. Schon ab dem 18. Jahrhundert ist der Bundesstaat Massachusetts mit seinen Universitäten in Boston und Harvard das geistige Zentrum Nordamerikas. Von dort aus predigt zunächst der Pfarrer Jonathan Edwards seine Philosophie, die im Anschluss an Augustinus alles Geschehen als „god's acting" betrachtete. Später soll es wissenschaftlicher zugehen, und das MIT und die Philosophie des Pragmatismus erleben zusammen ihre erste Blüte. Es mutet seltsam an, dass sich kaum einer der frühen und heutigen MIT-Koryphäen der Tatsache bewusst ist, dass die Steine ihrer Universität mit dem heißen Geist der Philosophie eines William James gebacken sind.

Minsky und seine Nachfolger predigen die Anti-Philosophie, stellen jede Reflexion über Sein und Werden als okkulten Humbug dar, als ob nicht auch der Fluss ihrer Sätze in das Bett einer sozialen Umwelt eingebettet ist. In einer rhetorisch fantastischen Umkehrung nennt Minsky Philosophie und Religion „einen Aberglauben", dessen Akzeptanz dazu führe, dass man sich um die „Chance des ewigen Lebens" betrügen würde. Aber: Die gesamte technische Theorie der Amerikaner wurzelt tief in der Philosophie von William James, John Locke und David Hume, die ihrerseits wiederum in Francis Bacon wurzeln. Und dort, wo nix wurzelt, existiert zumindest eine Grundeinstellung, die in der Natur einen zu besiegenden Gegner sieht, der dem Planwagen-Treck des Fortschritts im Wege steht. Wer aber ist dieser William James?

Im Hörsaal herrscht dichtes Gedränge, Akademiker und Studenten, aber auch interessierte Laien feiern den Philosophen William James wie einen neuen Propheten. Nur 20 Gehminuten vom MIT-Campus entfernt, an der Harvard University, hält James 1907 seine umjubelten Vorlesungen zum Pragmatismus. Was ist es, was diese Denkschule so attraktiv macht? Hume hat es einmal in aller wünschenswerten Klarheit ausgedrückt:

„Nehmen wir ein beliebiges theologisches oder metaphysisches Werk zur Hand und fragen wir: Enthält es irgendeine theoretische Untersuchung über Quantität oder Zahl? Nein. Enthält es irgendeine experimentelle Untersuchung über empirische Tatsachen? Nein. Nun, dann werfe man es ins Feuer, denn dann kann es nur Sophistik und Spiegelfechterei enthalten."

Seither gleichen sich die bis zur Ermüdung wiederkehrenden Leitmotive des pragmatischen Denkens: Die Erfahrung ist der Koran, in dem alle Wahrheiten aufgezeichnet sind. Die wissenschaftliche Methode schlechthin ist dabei die Induktion, das heißt der Schluss vom besonderen Einzelfall auf das allgemein Gültige, das Gesetzmäßige. Die Induktion ist die möglichst lückenlose Beweisführung, die alle Widerlegungen im Keim erstickt.

Eine Grundfrage der Philosophie, nämlich die nach der Wahrheit, beantwortet James forsch: Das Kennzeichen der Wahrheit sei ihre Nützlichkeit. Folglich sei Wahrheit die Summe dessen, was vom menschlichen Kollektiv als nützlich anerkannt worden ist. „Die verschiedenen Arten, wie wir empfinden und denken", sagt James, „sind so geworden, wie wir sie kennen, wegen ihres Nutzens für die Gestaltung der Außenwelt." Es ist schnell bemerkt worden, dass dieser Konzeption mehr als nur ein Hauch von Darwin anhaftet, sie läuft Gefahr, das Opportune für das Legitime zu halten. Ein Baum, so kann man den Pragmatismus verdichten, ist dazu da um uns Früchte zu schenken.

Ganz klar, in James und dem Pragmatismus verkörpert sich die Neigung der Neuen Welt zum Unmittelbaren, Gegenwärtigen und Praktischen. Zugleich wird ein markanter Charakterzug deutlich, den Hans-Joachim Störig „skeptische Unbefangenheit" nennt. Diese hält sich möglichst alle Optionen offen und ist zugleich immer bereit, die Möglichkeiten bis an ihr Ende zu denken. Es ist eben dieser stets nach vorne gerichtete „Westwärts!"-Optimismus, der die amerikanischen Wissenschaften so erfolgreich macht. Eng damit verbunden ist die Ablehnung der Herleitung der realen Welt aus irgendeinem grundlegenden Prinzip. Und wo kein grundlegendes Prinzip mehr herrscht, steht es dem Menschen frei, die Welt nach seinem Willen und seinen Kräften zu formen. Jedwede Intuition, das Gefühl, spielt für dieses Denken und die wissenschaftliche Erkenntnis keine Rolle. Das sind Blasen und Schäume, die im frommen Waschbecken zu blubbern haben, denn nach James haben die Gefühle nur eine Funktion: Sie führen zur Religion.

Und noch etwas liegt dieser Perspektive zugrunde: das konstant und immer wirkende Prinzip einer linearen Kausalität, wonach jede Wirkung eine Ursache hat. Seine letzte Reinform hat dieses Prinzip, wie beschrieben, im Behaviorismus gefeiert. Input – Operation – Output sind die Modi einer Maschine, und es liegt gedanklich nahe, dass auch lebende Wesen nach diesem Schema funktionieren.

„Mens et Manus." Das von privaten und industriellen Kräften finanzierte „Massachusetts Institute of Technology" zeigt in seinem 1864 entworfenen Siegel, wohin die Reise gehen wird – Hand und Hirn sollen fruchtbar zusammenarbeiten. Damit ist nicht nur die für Europa ungewöhnliche enge Verbindung von Industrie und Wissenschaft symbolisiert, in dem Logo lebt auch die cartesianische Trennung von Körper und Geist weiter. (Abb.: MIT)

Über Minsky, heute über 70 Jahre alt, zerreißen sich seit Beginn seiner Karriere die Medien das Maul. Dies liegt weniger an seinen wissenschaftlichen Verdiensten, als vielmehr an seinen Sentenzen zur Zukunft der Menschheit. Dabei könnte die Kluft zwischen den Leistungen seines MIT-Labors und seinen Vorhersagungen nicht größer sein. Ende der 60er Jahre stellt sein Team einem Roboter eine schlechterdings kinderleichte Aufgabe. Mit einer Kamera und Greifarmen ausgerüstet soll die Maschine aus Bauklötzchen einen Turm bauen. Die Forscher staunen, als der Roboter mangels gesunden Menschenverstands anfängt den Turmbau an der Spitze zu beginnen. Die Verfolgung des programmierten Pfads führt zum ungenauen Ablegen der Klötze, zudem haben die Kamera-Augen Probleme beim Erkennen von hinter- oder übereinander liegenden Objekten. Der Fehlschlag hält Minsky nicht davon ab, vom Debugging evolutionärer Fehlkonstruktionen im Menschen zu fabulieren. Und obwohl seine Predigten abstrus erscheinen, frohlockt die junge KI-Gemeinde, setzt Minsky ins virtuelle Papamobil und schiebt ihn durch die Straßen des Erfolgs. Davon angespornt verstrickt er sich mit der Zeit in seinen flammenden Reden immer tiefer in die Verkündung des Techno-Evangeliums. Was aber erzählt der Mann?

Die Grundannahme Minskys ist die der so genannten „harten KI": Zwischen dem Denken im menschlichen Hirn und der Informationsverarbeitung in der Maschine besteht kein Unterschied. Auf Basis dieser Prämisse klackert seit Geburt der klassischen, harten KI, ein Satz durch die Gebetsmühle: Die Konstruktion eines Maschinengehirns scheitert nur an technischen Unzulänglichkeiten.

Kollegenschelte ist unbeliebt und so hält sich Joseph Weizenbaum zurück. Das Gespräch verläuft schleppend, was wohl daran liegt, dass er fast alle meine Fragen an anderer Stelle schon einmal beantwortet hat, trotzdem überlegt er vor jeder Antwort verdammt lange. „Wissen Sie", fängt er an, „Marvin und ich sind trotz unserer Differenzen gut befreundet, auch wenn er Lust auf seltsame Scherze hat. In einer öffentlichen Podiumsdiskussion wurde er einmal gefragt, was er von einem gewissen Argument von mir hält. Seine ernste Antwort war sinngemäß, dass man zunächst einmal wissen muss, dass ich Kommunist sei." Weizenbaum muss selber lachen, obwohl so eine Zumutung in den USA wahrlich kein Scherz ist. Als Weizenbaum ihn später auf den Vorfall anspricht, winkt Minsky nur lachend ab und sagt: „Ach, du kennst mich doch."

Mit „Gefühlen" darf man Minsky, der von 1981 bis 1982 Präsident der „American Association for Artificial Intelligence" ist, eh nicht kommen. Als er in einer Talkshow gefragt wird, ob Computer jemals fähig sein werden, so etwas wie Liebe zu empfinden, kontert der Papst mit einem Beispiel: Ein junger Mann ist frisch verliebt und beschreibt seine neue Angebetete einem Freund als „schön, klug und hervorragend kochend". Dieser kennt allerdings die Frau und weiß, dass sie hässlich, dumm und ihre Mahlzeiten ungenießbar sind. Ergo: Wenn der Mensch seinen inneren Wallungen nachgibt, sei es in der Liebe, sei es beim Betrachten eines Bildes, verliert er einfach nur seine Fähigkeit zum kritischen Denken. Da die zukünftigen Maschinen diese „bugs" nicht haben werden, „können wir froh sein, wenn sie uns noch als Haustiere halten", so Minsky. Dies alles sind nette Anekdoten, über die Weizenbaum und andere mittlerweile schmunzeln können. Dies war nicht immer so.

Weizenbaum ist kein Interpret des Maschinenstürmer-Blues. 1963 beruft ihn das MIT zum Professor für Informatik, wo er bis zu seiner Emeritierung im Jahre 1989 lehrt. Zunächst schüttelt er, wie viele andere, nur den Kopf über die absonderlichen Ideen der postbiologisch motivierten KI, später besinnt er sich auf seine Ursprünge: 1936 erfährt er die zerstörerische Macht menschenverachtender Entwürfe am eigenen Leib – mit 13 Jahren flieht der Sohn jüdischer Eltern aus Berlin in die USA. In der „harten KI" sieht er spätestens seit dem Buch „Mind Children" von Hans Moravec die „Endlösung der Menschheitsfrage". Moravec, noch heute Professor in Carnegie Mellon, einer anderen Spitzenuniversität des Landes, die zu den großen der KI-Branche gezählt wird, treibt die Gedanken von Minsky noch ein Stück weiter. Ihm wäre es am liebsten, wenn wir unseren Geist von der sterblichen Hülle befreien und zügig in den Computer uploaden würden.

Aus der Bar wehen einige Takte Klaviermusik herüber, Weizenbaum sitzt bislang ruhig auf dem Sessel, als die Sprache auf Moravec kommt, wird er unruhig. „Die wesentliche Gemeinsamkeit zwischen dem Nationalsozialismus und den Ideen eines Hans Moravec liegt in der Entwürdigung des Menschen. Folgt man Moravec, so muss ein perfekter, neuer Mensch geschaffen werden. Am Schluss dieser Perfektionierung ist der Mensch allerdings nicht mehr da, er verschwindet in der Maschinen-Gesellschaft."

Auf eine Diskussion um Definitionen der Künstlichen Intelligenz und das technisch Machbare will Weizenbaum sich erst gar nicht einlassen. Nicht was Computer können, sondern was sie nicht können sollen, ist für den Mitbegründer des amerikanischen Berufsverbandes „Computer Professionals for Social Responsibility" (CPSR) wie des bundesdeutschen „Forums Informatikerinnen und Informatiker für Frieden und gesellschaftliche Verantwortung" (FIFF) entscheidend. Er ist es, der einer breiten Öffentlichkeit klar macht, dass der Zweite Weltkrieg Verbindungen zwischen dem militärischen und wissenschaftlichen Komplex schuf, die bis heute bestehen. Das MIT fungiert noch heute als signifikanter Innovator auf dem Gebiet der militärischen Forschung.

Seine Kritik ist nicht Kritik der Technik, sondern Kritik der Gesellschaft. Weizenbaum lehnt das Etikett „Computerkritiker“ ab, denn „Computer können mit Kritik nichts anfangen – ich bin Gesellschaftskritiker.“ Vielleicht denunzieren ihn seine Gegner deshalb als einen Kritiker des technischen Fortschritts – und umgehen damit die Notwendigkeit, sich mit seinen gesellschaftskritischen Fragen auseinander setzen zu müssen?

Ein Mensch ist ein Mensch und eine Maschine ist eine Maschine, gegenseitige Verwechslungen sind zu unterlassen. So kann man die Wahrnehmung von Weizenbaum verkürzt beschreiben.

Angesichts des Vordringens der Technik in alle gesellschaftlichen Bereiche und durch die Miniaturisierung sogar in den menschlichen Körper hinein mutet Weizenbaums Kampf um die Trennung der Sphäre des Menschen und der Sphäre der Maschinen fast anachronistisch an. Ist es nicht schon längst zu spät, biologische und technische Entitäten strikt trennen zu wollen? Und wie, so frage ich, soll der Mensch die Dinge begreifen, wenn nicht über Metaphern und Analogien? Wie kommen die ersten KI-Freaks überhaupt dazu, die Vorgänge im Computer mit den Vorgängen im Menschen gleichzusetzen?

Unser Herz? „Eine Pumpe!“ Die Gelenke? „Laufen wie geschmiert!“ Ein nervöser Typ? „Der steht unter Strom! Und mit etwas Pech knallen bald seine Sicherungen durch.“ 1943 veröffentlichen Warren McCulloch und Walter Pitts einen Artikel über die Impulsaufnahme und Weitergabe von Neuronen. Die beiden zeigen, dass eine einzelne Nervenzelle eine merkwürdige Eigenschaft besitzt: Wenn ein Reiz sie erreicht, reagiert sie oder nicht, tut aber nichts, was zwischen Reaktion und Nichtreaktion liegt. Das Axon lässt den kleinen elektrischen Impuls durch oder eben nicht. Die beiden interpretierten die Aktivitäten der Zelle als die Errechnung einer logischen Funktion, die da lautet: Feuern oder Nichtfeuern = ja oder nein. Schnell wurde möglich sich vorzustellen, dass ein großes Netz solcher Nervenzellen alle logischen Operationen durchführen können müsste. Der nächste Schritt liegt nicht weit entfernt. Der Mathematiker John von Neumann, ein Pionier der Computerforschung, vergleicht die funktionale Organisation eines Gehirns mit der logischen Struktur eines digital arbeitenden Computers. Das neuronale Netz und die Turing-Maschine sind aus seiner Sicht gleichwertige Operatoren. Er und andere glauben, die neuronalen Strukturen, aus denen das Gehirn besteht, nachzubilden, indem man einen einfachen Computer konstruiert, der auf den Einsichten der beiden Autoren basiert. Das kleine Wunder: Es klappt. Der Bau eines Rechners, der vermeintlich nach dem Prinzip der menschlichen Neuronen funktioniert, führt zu dem Rückschluss: Das Gehirn ist ein gewaltiger Parallelcomputer.

Die Fachblätter wollten sich überschlagen. Das Gehirn, dieser Tempel des Scharfsinns, die Kathedrale des Verstandes, nein, letztlich sogar der Kern des ganzen Menschseins, funktioniert wie eine Maschine, schlimmer noch, es ist *nichts anderes* als eine Maschine. An diesem „nichts anderes" reibt sich Weizenbaum seit nunmehr 50 Jahren. Mit einem Schmunzeln sagt er: „Hätte ich die Autorität, so würde ich aus jedem wissenschaftlichen Text Formulierungen wie *nichts anderes als*... streichen. Worauf es mir ankommt, ist, dass Handlungen und Gefühle, aber auch Phänomene und Objekte immer vielgestaltig sind und sich auf sehr verschiedene Weise beschreiben lassen. Ihre Bedeutung wird erst in einem Kontext offenbar." Die suggestive Kraft ist aber so groß, dass sich seit 50 Jahren die Computermetapher zur Beschreibung des menschlichen Geistes epidemieartig ausbreitet. Das Hirn arbeitet nicht nur wie ein Computer, nein, der Computer arbeitet auch wie ein Gehirn. Damals liegt die Funktionsweise des neuronalen Zusammenspiels weithin im Dunkeln, dessen ungeachtet amüsiert es Fachleute, Journalisten und Öffentlichkeit gleichermaßen, die eine Undurchsichtigkeit durch eine andere zu erklären.

Die Wirklichkeit aber, nun, sie windet sich wie eine Schlange aus unseren Beschreibungskäfigen, glibbert wie Wackelpudding aus unseren Worthülsen, egal ob wir es mathematisch, juristisch oder poetisch versuchen. Aber das ist nicht das Problem, Metaphern sind manchmal schön, sicher aber notwendig. Die Gefahr lauert, folgt man Weizenbaum, woanders: Nur weil man die elektronischen Strukturen verstanden hat, nachdem ein Computer funktioniert, glaubt man auch das Gehirn verstanden zu haben.

Die suggestive Kraft der Computer-Metapher trivialisiert nicht nur den Menschen, sondern viele natürliche Vorgänge. Später bleibt dann nur das Wundern: Man schaut auf die Landschaft und bemerkt, dass sie nicht mit der Landkarte identisch ist. Eine Grundfrage der Menschheit steht plötzlich im Raum: Gibt es Systeme, die prinzipiell nicht analysierbar sind? Ist die Betrachtung der Natur und des Menschen als eine komplexe Maschine somit eine gefährliche Trivialisierung, weil sie blind vor den Wundern der Natur macht? Ist die harte KI tatsächlich die letzte Ausgeburt eines naiv-realistischen Denkstils, der von der vollständigen Durchschaubarkeit und damit Nachbildbarkeit aller Phänomene ausgeht?

Mein Gegenüber ruckelt auf dem Stuhl hin und her, schaut auf die Uhr, ihm sind die Überlegungen um die Lehre von „Wahr und Falsch“ zuwider. Selbst wenn der Bau eines Roboters gelingen sollte – und Weizenbaum glaubt daran – der uns zum Verwechseln ähnlich sieht und genauso überraschend handeln kann wie ein Mensch, so wäre es trotzdem eine Maschine und kein Mensch. Und Weizenbaum ist der Überzeugung, dass man gewisse Aufgaben auch einem solchen perfekten Androiden nie stellen sollte: „Bei gewissen Fragen wurde auch Spock von der Enterprise nicht um Rat gefragt. Und das, obwohl er die Fragen in gewisser Hinsicht versteht und auch gute Antworten darauf geben kann, vielleicht sogar die richtigen, was auch immer das bedeuten mag. Aber da er eben keine menschliche Intelligenz hat, sollten wir ihm Fragen, die sehr viel damit zu tun haben, dass wir Menschen sind, nicht stellen.“

Folgt man dieser Ansicht, dann ist die Entscheidung für oder gegen die Maschinenmetapher keine Auswahl zwischen Wahr oder Falsch. Die dahinter stehende Frage ist vielmehr, ob wir es in Zukunft zulassen wollen, uns über die Maschinen zu definieren. Für die Riege der KI-Apologeten wie Moravec und Kurzweil kommen solche Fragen schon zu spät, ihrer Meinung nach sind wir der Technik-Symbiose nicht nur ausgeliefert, wir sollen uns darüber freuen. Verbleiben wir aber noch kurz bei der Metapher, die den Menschen als Maschine malt.

Wieder schaut Weizenbaum auf die Uhr, „ich muss los", sagt er und ich ahne, dass der fast 80-jährige Mann lediglich müde ist. Müde, immer und immer wieder auf die Einzigartigkeit des „Wesens des Menschen" hinzuweisen, müde, von der Relevanz der Geburt durch eine Mutter zu sprechen, müde, alle zehn Jahre eine neue Generation von Journalisten vor sich sitzen zu haben, die mit feucht-glänzenden Augen vom geistigen Potential der Maschinen reden. Ich setze noch einmal an und frage nach den Bedingungen einer humanen Integration von Technik in die Gesellschaft. Weizenbaum zögert, schaut mich zum ersten Mal richtig an und setzt zu einer längeren Auslegung an: „Eine schwierige Frage, die weder ich noch jemand anders kurz beantworten kann. Es ist ein paar Jahre her, da wurde die Frage nach guter Lernsoftware für Kinder gestellt. Meine Antwort war damals, dass wir gute Lernsoftware dann haben, wenn wir gute Schulen schaffen. Ich denke, so ähnlich wird der Fall hier auch liegen. In einer vernünftigen, humanen Gesellschaft dürften wir auch humane Maschinen haben. In einer hochmilitarisierten Gesellschaft, wie sie besonders in den USA besteht, da werden Maschinen gebaut, deren Zweck es ist, Massen von Menschen zu ermorden oder viel Geld einzubringen. Wenn man nur die ökonomische Seite betrachtet, dann erhält man unvernünftige Maschinen. In der Medizin können intelligente Maschinen ein Segen sein, in einer Gesellschaft aber, in der Medizin allein für den Profit praktiziert wird, da werden diese Maschinen noch mehr Menschen von der medizinischen Versorgung ausschließen. Technische Instrumente sind nicht wertfrei, sie erhalten ihren Wert von der Gesellschaft, in die sie eingebettet sind. Alles hängt also von der Vernunft dieser Gesellschaft ab. Jetzt muss ich aber wirklich los."

Die Fahrstuhltür schließt sich hinter Weizenbaum. Seltsam, aber ich bin traurig. Ist Weizenbaum ein Dinosaurier, dessen Appelle an die humanistische Rückbindung der Technik in einer Welt verhallen, die mehr mit der Simulation der Wirklichkeit in elektronischen Räumen als mit dem realen Menschsein beschäftigt ist? Dabei sind die Fragen virulent wie nie zuvor: Wozu dient Technik, wozu dient KI? Für Weizenbaum ist es ein fataler Irrglaube, dass die Technik irgendein Problem lösen kann, was nicht vorher sozial reflektiert wurde.

## Digitale Hohepriester

Aber wie schon betont, für Männer wie Minsky und Moravec sind solche Fragen das Gejammer von Mystikern und religiös Verblendeten. Der Mensch, so Moravec, ist ein fehlerbehaftetes Objekt, ein Irrtum der Evolution, der aussterben wird, während die Computersysteme überleben. Dem Menschen bleibt nur der Übergang in diese Systeme hinein. In diesem Reinraum des Geistes existiert das wahre Ich des Menschen dann weiter, beliebig kopierbar und darum unsterblich. Moravec' makabrer Flug in die Unsterblichkeit wirft so viele technische Fragen auf, dass nach dem Erscheinen seines Hauptwerks „Mind Children" (1988) Zweifel an dem Geisteszustand des Mannes laut wurden. Laut Moravec ist es nur eine Sache der Zeit, bis Software die Funktionen der jeweiligen Hirnareale simulieren kann und die Daten des Bewusstseins wie Brie in den Rechner fließen. Dort würde die Computersimulation der gesamten Persönlichkeit mit einem „neuen glänzenden Körper verbunden, der in Art, Farbe und Material den Wünschen entspricht", wie Moravec schreibt.

Wie schon bei Minsky bleibt dahingestellt, woraus Moravec sein Vertrauen in die ungestüme Fortentwicklung der Robotertechnik schöpft: 1971 nimmt er sich der rollenden Roboter an, 1979, also acht Jahre später, war sein Gerät in der Lage, innerhalb von „erstaunlichen fünf Stunden", wie Moravec selbst ironisch bemerkt, einen 30 Meter langen Raum mit Hindernissen zu durchqueren. Fünf Jahre später hat Moravec die Idee, mithilfe eines internen Prozessors und eines Sonars entwirft das Fahrzeug ein Raster der Umgebung. Für jede Zelle dieses Rasters errechnet der Computer eine Zahl – und zwar eine Zahl, die das Maß der Gewissheit ausdrückt, mit der sich in dem betreffenden Sektor ein Hindernis befindet. Dieses „evidence grid", dieses Indiziengitter, reicht noch heute nicht für eine muntere Fahrt durch den Straßenverkehr aus, noch nicht, wie Moravec sagt, denn mit dem Wachsen der Rechnerleistung werde das möglich. Seither wartet die Fachwelt. Moravec vertritt seit nunmehr 25 Jahren die Überzeugung, dass intelligentes Handeln von Robotern dann zustande kommt, wenn man ihnen ein akkurates dreidimensionales Modell der Außenwelt gibt. Bei einer der letzten großen öffentlichen Vorführungen war das „Cart" von Moravec aber dadurch irritiert, dass es die Schatten von Bäumen für Hindernisse hielt.

Das Kuriose an Moravec und anderen Vertretern des Posthumanismus: Es sind die Fortschritte der modernen Informationstechnik und Signalübertragung, die es diesen Hard-core-Materialisten erlauben, einen alten Traum wiederzukäuen. Über die Barriere des Todes hinweg, durch den Schlund der biologischen Vergänglichkeit hindurch, sollen die Signale des Selbst unversehrt auf die andere Seite gefunkt werden. So wird die Fesselung des Geistes an den Körper aufgehoben. Moravec selbst nennt seine spiritistischen Improvisationen „tatsächlich eine Art christlicher Fantasie: Es geht darum reiner Geist zu werden." Sogar hier irrt er, denn so weit wie er wagt sich kein Bekehrter aus dem Haus. Nach christlicher Lehre erhalten wir in der perfekten Welt nach dem Jüngsten Gericht unseren Körper wieder, um in diesem dem gereinigten Dasein zu frönen. Der Körper aber ist für Moravec so sehr biologischer Abfall, dass er ihn in keiner seiner Konzeptionen mehr sehen möchte. Moravec' Allmachtsfantasien sind daher in eine andere Schublade einzuordnen: Sein Traum von Transzendenz und körperlos existierender Unsterblichkeit ist gnostische Lehre.

Die Gnostiker, eine religiöse Bewegung, die um die christliche Zeitenwende aktiv wurde, sehen in der Erkenntnis das Mittel der Wahl, um im Himmelreich erlöst zu werden. Der eigene Leib ist für sie nur ein Gefängnis, aus dem sich der Geist befreien muss. Nur die Funken des göttlichen Verstandes sind wirklich, der menschliche Verstand und seine Erkenntnis („Gnosis") sind das messerscharfe Werkzeug, um sich des Grobstofflichen, Vergänglichen zu entledigen. Ihre Annahme: Das Wissen, nicht der Glaube führen zu Gott. Dieser hat den Menschen, so glauben die Gnostiker, den Verstand mitgegeben, damit er über diesen zu ihm zurückkommen kann. Was für die Gnostiker der reine Geist, ist für Moravec die extrahierte und potenzierte Information.

Diese extreme Position der KI treibt den fiktiven Keil zwischen Körper und Geist noch tiefer ins Bewusstsein der Rezipienten, ohne dabei zu bemerken, dass das, was sich dort vom Körper ablösen soll, ein Teil von dessen Werden und Vergehen ist. Glaubt man Moravec, rotten auf der einen Seite unsere fehlerbehafteten, fauligen Körper dahin, auf der anderen Seite wirkt der abstrakte Prozess der reinen Kognition. Dieser arbeitet – wie auch sonst – zahlenverwurstelnd wie ein Computer. Hier die jämmerlich emotionale „Wetware", dort die perfekte, weil entkörperte Intelligenz, die in Form eines Datenfeldes, einer spirituellen Matrix, ihr ganzes Potential zur Unvergänglichkeit und unbegrenzten Berechenbarkeit ausspielt. Far out.

Zwischen „Mind Children" und Moravec' nächstem Buch, „Computer übernehmen die Macht" (1998), liegen zehn Jahre. Vom Abschwung der klassischen und den Problemen der Neuen KI erwähnt der 1948 in Kautzen, Österreich, geborene „Andy Warhol der Robotic" (so nannte ihn seine Pressereferentin einmal) nichts, im Gegenteil, er lässt weiterhin keinen Zweifel am Schicksal der Menschheit, die in 50 Jahren vom Homo roboticus abgelöst werden wird: „Ich behaupte, dass Computer eines Tages auf dieselbe Weise werden wahrnehmen, erkennen und denken können wie ein Mensch", lautet seine zentrale These.

Einige Kräfte glauben an die praktische Umsetzung dieser

Ideen: Die DARPA (Defense Advanced Research Projects Agency), eine Institution des amerikanischen Verteidigungsministeriums, unterstützt Moravec zurzeit mit einer Million Dollar über drei Jahre. Aber das nur nebenbei, denn wichtiger ist: Worauf fußen die Fiktionen von Moravec und Minsky? Was macht sie so sicher, dass auf der anderen Seite des Flusses die extrahierte Information vibriert? Welcher Virus rauscht durch ihre Blutbahnen?

Im dritten Jahrhundert vor Beginn unserer christlichen Zeitrechnung entwirft ein Sohn aus gutem Hause in Athen ein Gleichnis: Wir Menschen, so der Mann, der als Platon in die Geschichte eingeht, sitzen eigentlich im Inneren einer Höhle, und zwar so, dass wir einander nicht sehen können. Wir sehen nur die Höhlenwand, auf der die Schatten von Tieren und Gegenständen, die an einem brennenden Feuer vorbeigetragen werden, zu sehen sind. Weil wir mit dem Rücken zum Höhleneingang sitzen, erblicken wir nur die Schatten der Dinge, die wir aber für die alleinige Wirklichkeit halten. Aber weit gefehlt, denn die wirkliche Welt ist draußen, vor der Höhle. Der Ausbruch aus der Höhle in die sonnendurchflutete Außenwelt bedeutet den Übergang in die wirkliche, ideelle Welt, die Welt des vollkommen Seienden, die Welt der Ideen, des wahren Gegenstands jeder Erkenntnis. Kurzum: Das gewöhnliche Dasein ist ein Gefängnis, das Hinaufsteigen und der Anblick der Dinge „oben“ gleichen dem Aufschwung der Seele in die Welt der Ideen. Was sind nun diese Ideen? Platons Antwort: „Wir nehmen eine Idee an, wo wir eine Reihe von Einzeldingen mit demselben Namen bezeichnen.“ „Idee“, dieses Wort steht im Griechischen für „eidos“, was ursprünglich „Bild“ bedeutet. Es sind also Formen und Gattungen. Und nun kommt der Clou, der den Entwurf von Platon für die postbiologischen KI-ler so attraktiv macht: Diese Ideen sind nicht etwa bloße Begriffe, sie haben durchaus Realität, ja, sie haben sogar, wie das Gleichnis zeigt, die einzig wahre, wenn auch metaphysische Realität. Die einzelnen Dinge vergehen, aber die Ideen bestehen als deren unvergängliche Urbilder weiter.

Platon ist begeistert von seinem Konzept, und zwar so sehr, dass er im Alter akribisch nach exakten Zugangsmöglichkeiten zu dieser „idealen Sphäre“ sucht. Er findet sie in den Lehren des Pythagoras. Von nun an ist die Sache für Platon klar: Die Welt der mathematischen Gegenstände ist eine Vorstufe zu der Sphäre der Ideen, dementsprechend stellt die Beschäftigung mit der Mathematik einen entscheidenden Schritt von der Welt der Schatten hinauf „zur Freiheit, zur Sonne“ dar. Moravec rekurriert in seiner Schrift „Simulation, Consciousness, Existence“ auf eben diese Ideen und nennt sie selbst den „Haltegriff zum Immateriellen“. Nach Platon sind mathematische Objekte keine Konstruktionen des menschlichen Geistes, sondern immaterielle Gegebenheiten, die vom Menschen erforscht werden können. Hier nimmt Moravec den platonischen Faden auf und spinnt ihn gründlich weiter. „Der Unterschied zwischen körperlicher und mathematischer Wirklichkeit ist die Illusion der Perspektive: Die physikalische Welt ist einfach nur eine partielle Abstrahierung, die uns enthält.“

Unklar bleibt bei Platon wie bei Moravec, wie sich die immaterielle Welt in materiellen Sinneseindrücken manifestiert. Platon selbst konnte nie so recht klären, welche Kraft die in sich ruhenden Urbilder in der Materie abbildet. In diesem Sinne popularisiert Descartes ein paar hundert Jährchen später den Dualismus zwischen Materie und Geist nur. Und Moravec & Konsorten? In ihnen lebt, wohl nicht zum letzten Mal, der Plan fort, mit Hilfe der Leiter der Mathematik zu den platonischen, idealen Formen hinaufzuklettern. Dies sollte zu Zeiten von Pythagoras und Platon die Geometrie leisten, in den Zeiten des Computers müssen Informationstheorie und binäre Logik herhalten.

Die psychologische Dynamik der platonischen Entwürfe ist mächtig und wirkt als untergründige Konstante in vielen halb garen Mythen des Informationszeitalters weiter. Es ist das hypnotische Bild einer abstrakten Perfektion, welches hier gemalt wird, eine wohl konstruierte Kathedrale aus schlüssigen, klaren Nummern, die folgerichtig und unanfechtbar miteinander verbunden die von allen Schatten und Zweifeln befreite Wahrheit symbolisieren. Was bleibt ist ein Universum, dessen bis dato verborgene Muster auf eine simple Gleichung eingedampft werden können. Die Philosophie Moravec' und anderer KI-Forscher lebt nur unter einer Prämisse fort: Der Kosmos befolgt die Gesetze der Mathematik nicht nur, er ist aus ihnen aufgebaut. Der Tempel dieses Kults der Neuzeit kann nur der Computer sein, denn er verkörpert die Welt, wie sie sich die Logiker vorstellen. Richtig eingesetzt ist er der Behälter für die platonische Welt der Ideen. So wird aus der universellen Turing-Maschine eine Maschine, die Universen baut.

Zeigt die Wissenschaftsgeschichte auf der einen Seiten nicht deutlich, dass die Natur komplizierten, aber eben doch erforschbaren Gesetzen gehorcht? Und zeigt diese Historie zugleich nicht auch, dass einige Forscher von jeher nicht einsehen wollen, dass auch ihrer Theorie Grenzen gesetzt sind? Aber wer will sie festlegen, die Grenzen zwischen dem, was der Mensch leisten kann, und seinem Größenwahn? Und wo liegt sie bei Ray Kurzweil, dem neuesten und garantiert nicht letzten Auguren, der aus den Eingeweiden des Mainboards die Zukunft der Menschheit lesen will? Wer die Geschichte der KI kennt, dem entlocken die Zukunftsszenarien von Kurzweil nur noch ein Gähnen. Mit seinem Buch „The Age of Spiritual Machines" (deutsch: „Homo S@piens") landet der angesehene Wissenschaftler 1999 einen Gassenhauer, der es in die amerikanischen Bestseller-Listen schafft. Der Titel ist natürlich eine Frechheit, der sich aber folgerichtig aus dem bis dahin unbetitelten Zeitalter nach der „decade of the brain" ergibt. Wo Moravec noch von „Mind Children" spricht, setzt Kurzweil noch einen drauf und will den Maschinen das zuschreiben, was lange als die wahrliche Krönung des Menschseins galt: die mystische Erfahrung der Bindung an den allumfassenden Zusammenhang. Das Medium hierfür ist aber nicht mehr der individuelle, sondern – wie soll es nach dem Börsengang von Netscape auch anders sein – der vernetzte Computer.

Wie seine Kollegen ist auch Kurzweil am MIT angestellt, schafft sich aber nebenbei ein „zweites Standbein". Der Mann, Jahrgang 1948, ist quirlig und hochbegabt: Er erfindet den Flachbettscanner und entwickelt ein superbes Texterkennungssystem. Und wie die KI-Veteranen surft er auf der Welle des unerschütterlichen Vertrauens in den Fortschritt und die Evolution des Wissens. Und sonst? Tja, sonst wirft Kurzweil flott alle Bedenken gegen die Softcopy der menschlichen Intelligenz in den Brunnen und prophezeit den Umzug des Menschen aus seinem körperinternen Stammhaus in die Prunkvilla der virtuellen Welt. Auch das ist bekannt, nur traut Kurzweil sich, das Ende des Menschen exakt zu terminieren. Genau im Jahr 2099 verschmelzen menschliche und maschinelle Intelligenz, und der Mensch verliert seine zentrale Stellung als, so Kurzweil, „das intelligenteste und das leistungsfähigste Wesen auf Erden." Klug wie er ist, hat Kurzweil die Abschaffung des Menschen so weit nach hinten datiert, dass keiner von uns je erfahren wird, ob Kurzweil das weise Orakel oder der listige Scharlatan ist.

Es ist an anderer Stelle vorgeschlagen worden, die Texte von Kurzweil eher wie einen Science-Fiction-Thriller zu lesen. Kein schlechter Tipp, nur werden die Werke vom Buchhändler halt unter „Sachbuch" einsortiert. Wie kommt Kurzweil auf sein Datum? Ganz einfach, die Leistung der Chips wird sich weiterhin nach dem Gesetz des exponentiellen Wachstums sprunghaft verbessern. Zusammen mit einem Mix aus Nanotechnologie, Gehirnscanning und -Implantaten sowie neuronalen Netzen kommt man dann der Unsterblichkeit im Transistor nahe. Die menschlichen Sinne werden direkt manipuliert, indem Milliarden kleiner Nanobots, Roboter auf molekularer Ebene, ins Gehirn geschickt werden. Sie nehmen dort eine innige Beziehung zu den neuronalen Zellen auf, um ihnen die Signale aus dem Cyberspace zu übermitteln. Und so wird der Geist „eine einzige, glückliche und große Gesellschaft sein".

Vielleicht wäre es amüsant, die zahlreichen Prognosen der KI aufzuzählen, die noch heute und wahrscheinlich auch noch in 100 Jahren auf ihren Vollzug warten. Kurzweiliger ist aber etwas anderes: Völlig unklar bleibt bei den amerikanischen Träumen, was gegen den menschlichen Körper als Wirt spricht. Seine Sterblichkeit? So schön die ideale Welt der Computer auch scheint: Auch sie bestehen aus Materie, die dem Verschleiß unterliegt. Florian Rötzer schreibt deswegen ganz richtig: „Man müsste, um bei der Ewigkeit ganz sicher zu gehen, nicht nur das Universum in einer Simulation emulieren, sondern eigentlich auch die Computer und Datenträger immaterialisieren." Der Einschluss der Simulation in der Simulation wäre allerdings ein Progress ins Unendliche, „denn irgendwo muss jede Simulation verankert werden". Um die Höhenflüge mal zu erden: Schon heute stößt die Speicherung von Information an ihre Grenzen. Die NASA bräuchte heute gut vier Jahre, um nur 28 Terabytes ihrer Daten von Teleskopen, Weltraumflügen und Wetterberechnungen auf ein besseres Speichermedium zu übertragen – sie besitzt aber zurzeit schon Tausende von Terabytes an Daten. Ein weiteres Problem ist die Wechselfreudigkeit der Speicherformate. Wer heute versucht, seine 1988 auf Atari 1040 ST in „Signum" verfasste Diplomarbeit auszudrucken, dem steht eine Reise ins Nixdorf-Computermuseum nach Paderborn bevor.

Für ein weiteres Argument bietet sich ein kurzer Ausflug in die Signaltechnik an: Alle Theorien des Übergangs des menschlichen Bewusstseins in den Elektroraum gehen von der beliebigen Kopierbarkeit von Daten aus. Die Sicherheit des Übertragens hängt aber von den Übertragungskanälen und deren Rauschfreiheit, also den möglichen Störsignalen ab. Diese physikalischen Qualitäten unterscheiden digitale Techniken jedoch nicht von analogen Speichern. Das Neue der Digitaltechnik liegt in der Chance, Schwankungen, wie sie sich beispielsweise durch Alterung und Störsignale ergeben, mit Hilfe geeigneter Kodiertechniken zu mildern. Die digitale Technik wandelt analoge Signale in Zahlen, bliebe es bei diesen, so hätte man tatsächlich eine neue Qualität erreicht, denn Ziffern sind Symbole, mithin nicht-körperliche Einheiten. Allerdings gibt es keinen Speicher für Ziffern, sondern nur für deren verkörperte Erscheinungsformen, also digitale Signale. Alle Operationen des Speicherns und Kopierens sind nur so perfekt wie die zugrunde liegende Signaltechnik – mit einer winzigen, freilich nicht unwichtigen Eigenheit: Ganze Zahlen lassen sich durch Fehlerkorrekturen perfekt restaurieren. Solange diese Korrekturen funktionieren, sind digitale Signale verlustfrei speicherbar und kopierbar.

Aber, aber, aber: Für eine Kopie von Milliarden, nein Billiarden und Trillionen Zeichen sind technische Maßnahmen zu treffen, um die fehlerfreie Kopie und deren Übertragung zu gewährleisten. Egal, welche Methode man anwendet, die Fehlerkorrektur selbst benötigt wiederum Speicherplatz – bis irgendwann dieser Platz von der Sorge um die Korrektur aufgefressen wird. Wolfgang Coy, Informatiker an der Freien Universität Berlin, schreibt: „Eine völlig fehlerfreie (also beliebig korrigierbare) Kodierung ist auch mit digitalen Techniken niemals erreichbar." Ob man „geistige Information" in Konservendosen packt, schockgefriert und tiefgekühlt lagert oder aber auf sehr große Disketten schreibt – sie bleiben einem natürlichen Zerfallsprozess unterlegen, der sich auch durch wiederholtes Kopieren nicht aufhalten lässt.

Klar, nach Kurzweil sind das alles zu vernachlässigende Größen, ist das nur Gequengel von miesepetrigen Quenglern, sind Kritiker nur Spielverderber. Denn wie Hans-Magnus Enzensberger so schön formuliert: „Propheten sind gegen Tatsachen immun." In Kurzweil, ja, im gesamten amerikanischen KI-Herz, welches zwischen Kalifornien und dem MIT aufgehängt ist, pocht der Lebenssaft des endemischen und theokratischen Optimismus, der vor allen Fragen erst mal zwei Feststellungen trifft: It works!And it's fun! Es ist nicht von der Hand zu weisen, dass ein gewichtiger Grund für den der Erfolg US-amerikanischer Wissenschaft ihr naiv-verspielter Zugang ist. Bei der Erforschung von biologischen Strukturen im Oppossum und beim Bau von Rechnern lässt sich das die intellektuelle Elite der Alten Welt noch gefallen, lobt es sogar. Wenn es aber um die grundlegenden Eigenschaften und Bestimmungen des Menschen, die Basis des Menschseins geht, dann sollen sich die Amis möglichst aus dem Diskurs raushalten. Die

Hysterie um die vermeintliche Unmenschlichkeit der starken KI ist zu einem Teil ein Abwehrreflex der Europäer, sehen sie doch ihre ureigenste Domäne, nämlich die der umfassenden Welterklärung, durch „naive Materialisten“ gefährdet. Minsky, Moravec, Kurzweil sind in dieser Hinsicht nur die Speerspitzen einer Ideenbewegung, die die Philosophie für ein in der Moderne gescheitertes Projekt hält – und die meisten Sozialwissenschaften für intellektuell unterbelichtet.

Die weltweite Kommune der KI-Forscher weist zwar kontinuierlich auf die Überspanntheit der US-Dream-Teams hin, für die Medien bleiben die verführerischen Visionen der Techno-Päpste aus „god's own country“ aber bei weitem spannender. So nutzt es oft wenig, wenn Forscher wie Thomas Christaller vom Fraunhofer-Institut in Bonn die Blasen zum platzen bringen. Er schlägt Moravec und Kurzweil vor, einmal einen Salamander in seiner Verhaltenskomplexität nachzubilden. Speicherkapazität und Geschwindigkeit, so Christaller, seien kein Garant für Intelligenz. „Nur weil das menschliche Gehirn gegenüber der Rechenleistung von Chips irgendwann eine lahme Krücke ist, werden Rechensysteme noch lange nicht intelligent. Eine merkwürdige Denkfalle.“ Zugleich würden die Theorien der Männer auf der Trennung von Hard- und Software basieren, eine Trennung, die in keinem biologischen Organismus so existiert. Hirn und Gedanken verändern sich nie alleine, jedweder Denkvorgang modifiziert auch das neuronale Substrat.

In Europa hat man sich weitgehend davon verabschiedet, menschenähnliche Computer bauen zu wollen. Die Konstruktion von Artefakten muss nach einhelliger Meinung der Forscher nicht notwendigerweise die Komplexität des gesamten Organismus umfassen. Als Analogie: Um Fliegen zu können, kopierte der Ingenieur nicht den Balztanz und das Eierlegen der Vögel. Der Traum vom luftigen Abenteuer wurde erst wahr, als man die Aerodynamik verstand. Wenn aber für den Bau artifizieller Intelligenz der Nachbau des Menschen in seiner Gesamtheit völlig irrelevant ist, was ist dann der Hintergrund für diesen Forschungstrieb bei Moravec & Co.? Wie immer die Antwort auf diese Frage ausfällt, sie muss die angesprochenen Motive von Sklaverei ohne Schuld, Gebären ohne Geburt und Leben ohne Tod berücksichtigen.

Aber, um mal wieder einen etwas versöhnlicheren Ton anzuschlagen, natürlich treffen an dieser Stelle der europäische Idealismus und der amerikanische Pragmatismus aufeinander. Fasslicher formuliert: Aus amerikanischer Sicht leidet Europa ohnehin an der Lust am unglücklichen Bewusstsein. Wenn man einem KI-Forscher in den USA etwas über Bewusstsein und Selbstbewusstsein erzählt, dann wird er einem nach kurzer Zeit freundlich ins Wort fallen und fragen, ob man das auch bauen kann. „Denn wenn Sie es nicht bauen können, dann haben sie anscheinend nicht wirklich verstanden, um was es geht; aber“, so wird sein tatsächlich ehrlich gemeintes Angebot lauten, „wenn Sie mir genau sagen können, was sie damit meinen, dann baue ich Ihnen das auch.“

Das Vorausschauen kann eine Denktechnik sein, um das Nachdenken zu üben. In diesem Sinne kann man Fantasien aus den Hochburgen der KI als Anlass nehmen, über Entwicklungen nachzudenken. Dann aber landet man wieder bei den Thesen eines Joseph Weizenbaum, der Technik im Dienste des alteuropäischen Humanismus sehen will. Aber so wie es aussieht, geht innerhalb des US-amerikanischen Techniksystems das humanistische Erbe im „Human Genom Project“ auf.

Am Ende der Utopien steht die postbiologische KI zusammen mit der Genforschung für eine Wissenschaft, die ein ideologisches Vakuum füllt. „Uralte Allmachtsfantasien fanden so eine neue Zuflucht im System der Wissenschaften“, schreibt Hans-Magnus Enzensberger und vergleicht die Wissenschaftler von heute mit den Schamanen von gestern. Um den Vergleich mal fruchtbar aufzunehmen: Schamanen waren und sind auch heute nicht für die „Ausrottung aller Leiden“, wie Enzensberger sagt, zuständig: Sie gehen bei den Naturvölkern konkrete, einzelne Leiden der Patienten an. Mit Erfolg, wie die Studien zeigen. Die Ausrottung aller Leiden ist seit jeher Programm der eschatologischen Religionen. Schamanen sehen keinen Gott als Mittler zwischen Mensch und Natur. Wären die Wissenschaftler von heute tatsächlich moderne Schamanen, würden sie sich um das Heilsein des Menschen im Diesseits bemühen. Und Heil bedeutet, glaubt man den Naturreligionen, in Ebenmaß mit seinem inneren Selbst und der Natur zu leben. Heilversprechende Forscher sind also weniger Schamanen als vielmehr atheistische Priester, die sich ihrer quasi religiösen Aussagen nicht bewusst sind. Setzt man allerdings voraus, dass sie von ihrer Rolle wissen, dann stehen sie in der Tradition der Quacksalber. Diese begannen ihr Handwerk erst von dem Zeitpunkt an, als die Chemie die naturnahe Heilkunst der Kräuterfrauen verdrängte und mit giftigen Quecksilbersalbungen Pestbeulen erfolglos bekämpfte.

Die KI-Euphorie ist ohne einen Blick auf die soziale Struktur der manischen Rechnernutzer nicht zu verstehen. Nicht nur Hakker und Cracker schlagen sich die Nächte vor dem Monitor um die Ohren, auch die Jünger der Künstlichen Intelligenz sehen die Sonne selten. Moravec beispielsweise arbeitet hauptsächlich nachts, in seinen Anfängen am „Stanford Artificial Intelligence Laboratory" schlief er in einer Dachkammer über dem Labor, einmal soll er das Labor für sechs Monate nicht verlassen haben. Nicht unnormal, denn viele Propeller-Heads leben in einer Welt technischer Akronyme und Papp-Pizza. Nur hilft dies im Hip-Hop-Konzert beim Weiterreichen des Joints wenig weiter. Diese Asozialität lässt sich heute gut bei einigen Computer-Freaks beobachten, die frische Luft am liebsten in Tüten kaufen würden. Versessen wie die Hacker im virtuellen Raum basteln einige AI-Freaks am klugen Artefakt – es entwickelt sich, wiederum hauptsächlich in den USA, die typische Moral der unbedingten Machbarkeit, eine Kultur des „It has to work".

## Kopfrechenarten

Ob AI-Nerds, KI-Päpste, Emporkömmlinge, Epigonen oder wahre Forscher – ihre Ideen wurzeln in den überlieferten Vorstellungen und Resultaten kultureller und wissenschaftlicher Leistungen der Vergangenheit. Es ist nötig, noch einmal kurz in die philosophischen Abgründe der Neuzeit hinabzusteigen. Seit Platon wurde die Idee der Berechenbarkeit von Kosmos und der darin lebenden Wesen mehrfach aufgegriffen. Der Stern am Rationalistenhimmel ist dabei sicherlich René Descartes (1596–1650), dessen halbes Leben still und einsam unter den Nebeln Hollands dahinfließt. So menschenscheu der Aristokrat auch ist, er wird zum geistigen Sonnenkönig der Zeit. Ludwig der Vierzehnte ist letztlich eine vergoldete Dekorationspuppe im Welttheater dieses Mannes. Heute als Philosoph bekannt, ist er auch Naturforscher, entdeckt die Lichtbrechung an dünnen Schichten. Seine große Leidenschaft gilt aber der analytischen Geometrie, deren Begründer er ist. Mit ihr kann jede ebene Kurve durch eine Gleichung ausgedrückt werden. Bekannt ist uns das heute aus dem Koordinatensystem – jeder Punkt einer Kurve kann durch seine x/y-Koordinaten angegeben werden. Damit gelang Descartes die Anwendung des abstrakten Zahlenraumes der Algebra auf die Welt der Formen. Zugleich ist es der Versuch, und das ist für unseren Zusammenhang aufschlussreich, die Realität in ein feststehendes Liniennetz einzufangen, an dem sie sich zu orientieren hat und von dem aus sie durch den Verstand jederzeit bestimmt und vorausbestimmt werden kann. Dies ist der Sieg des Rationalismus über die Materie, denkt man lange. Für Jahrhunderte wird der cartesianische Mensch der irrationalen Wirklichkeit sein Koordinatenkreuz entgegenhalten und sie damit gleichsam in seine Gefolgschaft bannen.

Die gegebene Welt zerfällt für Descartes in zwei Einheiten: die Körper, deren Attribut die Ausdehnung ist, und den Geist, dessen Grundeigenschaft das Denken bildet. Wie er auf diese Trennung kam? Alle Sinneseindrücke, denen wir unterliegen, so Descartes, können uns täuschen. Aber auch wenn alle unsere Vorstellungen falsch sind, als positiver Rest bleibt die Tatsache übrig, dass wir an ihnen zweifeln können. Auch wenn alles Irrtum ist, die Existenz unseres Irrtums ist keiner; auch wenn ich alles leugne, so bin ich es immer noch, der leugnet: *cogito ergo* sum. Dieser Satz schwirrt seither durch die Jahrhunderte und auch die damit verbundene Behauptung Descartes, dass das ganze Sein der geistigen Hälfte der Welt im Denken bestehe. Noch abgefahrener sind aber die weiteren Folgerungen des Philosophen: Da die denkende Substanz nie ausgedehnt sein, die körperliche nie denken kann, sei der menschliche Körper eine Art komplizierte Maschine, die mit dem Geist keine Verbindung hat. An diesem Punkt gilt es kurz innezuhalten und Luft zu holen. Descartes hat mit dieser Ansicht nämlich nicht nur dem europäischen Hochbarock seinen Stempel aufgedrückt, sondern eine Idee geschaffen, die weit bis ins 20. Jahrhundert die Arbeitsgrundlage der Wissenschaft war. Wie wir gesehen haben, hielt sie auch Einzug in die Informatik, denn die strikte Trennung von Hard- und Software ist Ausfluss eben dieser Idee.

Aber noch in einer anderen Hinsicht finden sich die Lehren von Descartes in Teilen der KI-Forschergemeinde wieder. Er schreibt: „Um die Wahrheit methodisch zu finden, muss man die verwickelten und dunklen Sätze stufenweise auf einfachere zurückführen und dann von der Anschauung dieser ausgehen, um ebenso stufenweise zu der Erkenntnis jener zu gelangen.“ Erst seziert man, dann konstruiert man – beides sind extrem rationalistisch-mechanische Funktionen. Nur die Mathematik, so Descartes, ist die Universalwissenschaft, die jene Anforderungen erfüllen kann. Beweise, Schlüsse, bis hin zur letzten Erkenntnis, im Grund genommen ist alles ein mathematisches Problem. Nicht nur die physische Welt, die uns umgibt, unser Geist, der sie aufnimmt, nein, sogar die Ethik. In seinem Essay „Les passions de l'âme“ lehnt er sich weit aus dem Fenster: Er analysiert die menschlichen Leidenschaften nicht nur, er gibt auch eine Anleitung zu ihrer Lenkung und Bekämpfung; zugleich versucht er die Gesamtheit menschlicher Affekte auf eine Reihe von Grundformen zurückzuführen und so eine Art Algebra der Passionen zu liefern. Ab heute, so könnte man das Credo der Cartesianer nennen, ist nur das wirklich, was man denkt; mehr noch:

Nur was man geordnet denkt, ist wirklich gedacht. Der Verstand ist das alles bescheinende Licht, was nicht in seiner Sonne liegt, ist es nicht wert, beschienen zu werden. Unterbewusstes, undefinierbare Regungen des Herzens, Triebe, Ahnungen, Hass? Alles uninteressant! Leidenschaften sind nichts als falsche Urteile, verworrene, unrichtige Vorstellungen, die vom Verstand besiegt werden müssen. Kennt Minsky diese Sätze von Descartes?

„Ich tanze, also bin ich", singt die Berliner Band „Stereo Total" in den 90er Jahren, wohl wissend, dass Schopenhauer schon über ein Jahrhundert vorher sein „Ich will, also bin ich" herausgeschrieen hatte. So oder so bleibt das Ich aus dieser Sicht Ursache der eigenen Existenz. Allerdings beweist unser Denken uns unser Ich nur, Descartes aber wollte den logischen Grund zum Metaphysischen erheben. Wie auch in der analytischen Geometrie nicht die reale Kurve das Wesentliche ist, sondern ihre gedachte Formel, sind auch die Sinneneindrücke nicht wahr, wahr ist nur das Denken dieser Wahrnehmungen. Am puren Cartesianismus zeigt sich erschreckend deutlich die starre Isolation, in die jeder konsequente Rationalismus den Menschen einschließt. Am Ende steht der Rationalist da, in heller Höhe der reinen Erkenntnis, in heroischer Ödnis und selbstherrlicher Einsamkeit.

Wer nun meint, dass schon der Ansatz von Bruder Descartes total abgefahren ist, der schnalle sich bitte an: Wo der französische Philosoph nur wähnt, dass der Mensch wie eine Maschine funktioniert, erfährt der Rationalismus ein Jahrhundert später seine extremste Ausgestaltung in der Person des Arztes Julien Offray de Lamettrie. Das klingt nach blühenden Lavendelfeldern in der Provence. Lamettrie sagt: Der Mensch ist eine Maschine. Das Monumentalwerk des damaligen Zeitalters, die Enzyklopädie, herausgegeben von Diderot und d'Alembert, beginnt 1751 zu erscheinen. Das grundlegende Werk des so genannten „französischen Materialismus" ist aber der berüchtigte „Homme machine" von Lamettrie. Es erscheint drei Jahre vor der ersten Ausgabe der Enzyklopädie. Lamettrie denkt Descartes radikal zu Ende und versucht mehr in rhetorischer denn wissenschaftlicher Form nachzuweisen: Wenn Tiere Automaten sind (und das behauptete Descartes), dann muss auch der Mensch nichts anderes als ein höchst komplizierter Mechanismus sein.

Die Materialisten kämpfen damals für die Unabhängigkeit von der Religion, die aus ihrer Sicht nur eine Fessel für den Verstand ist. Das Buch hat eine enorme Wirkung auf den Geist der Zeit, obgleich niemand wagt, den Thesen offen zuzustimmen. Lamettrie wird von Staat und Kirche verfolgt, nur Friedrich der Große gewährt ihm Zuflucht und beruft ihn als Arzt und Vorleser nach Berlin. Dort stirbt er 1751 im Alter von 42 Jahren. Der Legende nach an dem Verzehr einer ganzen Trüffelpastete, ein Tod, der als tragikomischer gastronomischer Unfall in die Geschichte eingeht. Die Reaktionäre suchten die Art seines Todes als warnendes Argument gegen seine Weltanschauung auszuspielen – als ob das Verzehren großer Pasteten eine charakteristische und zwangsläufige Folge des Materialismus sei.

Folgen wir dem Gang in die Geschichte noch eine Weile. Während sich Lamettrie auf den Menschen als Uhrwerk festlegt, träumt ein anderer Mann ein paar Jahrzehnte vorher die Mechanisierung des Denkens sehr viel konkreter. Die herausragende Gestalt bei der Genese der algorithmischen Welterfassung ist Gottfried Wilhelm Leibniz. Das Genie lebt zwischen 1646 und 1716 und gilt in Europa als der Promoter des dualen Zahlensystems. Dass jede Rechenoperation mit 0 und 1 abgewickelt werden kann, ist die Grundlage für die elektronische Datenverarbeitung. Während seines langen Aufenthalts in Paris entwickelt er den Leitsatz seiner Zahlenlehre „Omnibu ex nihilo ducendis sufficit unum“: Um alles aus dem Nichts herzuleiten, genügt Eines. Leibniz meint das genauso mathematisch wie metaphysisch. Für ihn ist die Verquickung von „Null/Nichts“ und „Eins/Eines“ noch virulent, erst Carl Friedrich Gauß bricht 1830 bei seinen telegrafischen Versuchen diese „metaphysischen Eierschalen“ (Wolfgang Coy). An die Stelle von 0 und 1 setzt er + und - und weist damit auf die Elektrifizierbarkeit des binären Codes hin. Leibniz versucht kurz vor dem Wechsel ins 18. Jahrhundert tatsächlich eine Rechenmaschine auf Basis des dualen Systems zu bauen, scheitert aber an den technisch-mechanischen Kalamitäten. Bei sorgsamerer Realisierung seiner Skizzen und Pläne, so stellt man später fest, hätte seine Maschine aber tatsächlich funktioniert. So dauert es drei Jahrhunderte, bis sein Vorstoß zum Bau einer binären Rechenmaschine realisiert wird. In theoretischer Form durch Alan Turing, in praktischer Form durch den Berliner Bauingenieur Konrad Zuse.

Im Laufe seiner Korrespondenz mit den Jesuiten in Peking stößt Leibniz später auf das „Buch der Wandlungen", das I Ging. Als er dessen Welterfassung durch kurze und langen Linien sieht, sieht er sich bestätigt, dass das binäre System zur Darstellung des Kosmos ausreicht. Da Denken Rechnen ist, so Leibniz, muss man nur noch die Methodik des Denkens finden, die den Geist leitet. In der Einführung zu seiner „Allgemeinen Wissenschaft" schreibt er:

„Wenn man Charaktere oder Zeichen finden könnte, die geeignet wären, alle unsere Gedanken ebenso rein und streng auszudrücken, wie die Arithmetik die Zahlen oder die analytische Geometrie die Linie ausdrückt, könnte man offenbar bei allen Gegenständen, soweit sie dem systematischen Denken unterworfen sind, das tun, was man in der Arithmetik und der Geometrie tut. Denn alle Forschungen, die vom vernünftigen Denken abhängen, würden durch Umwandlung dieser Charaktere und eine Art Kalkül zu Stande kommen, was die Erfindung schöner Dinge ganz leicht machen würde."

Mit diesen Worten formuliert Leibniz seine Vision einer idealen, künstlichen Sprache, in der es keine Mehrdeutigkeiten gibt. Nötig sei dazu nur ein System von Grundsymbolen, die den nicht weiter zerlegbaren Bestandteilen der menschlichen Gedanken eindeutig zugeordnet sind. Dazu dann noch einige Verknüpfungs- und Operationsregeln für diese Symbole – fertig ist eine Kommunikation, in der sich alle vernünftigen Gedanken durch schematisches Operieren mit Symbolen finden lassen. So ließen sich auch, denkt Leibniz weiter, alle Streitfragen der Menschheit lösen: Das Kalkül des vernünftigen Denkens ist (wieder)geboren. Fragen hat dann nur noch der Mensch, der Rechner hat die Antworten. § 218 StGB? „Fragen Sie den großen Rechner, die Mega-Instanz!" Manipulation des menschlichen Erbguts? „Bitte helfen Sie uns, Ihro technoide Durchlaucht!"

Leibniz ist allerdings beileibe kein Materialist. Für ihn besteht der Kosmos aus einem Beziehungsgeflecht von sehr kleinen Einheiten, seelenartigen Perzeptionsatomen, die er Monaden nennt. Diese niedlichen Monaden tragen in sich die Repräsentation des gesamten Universums, sind mithin durchdrungen und koordiniert von der großen Obermonade – gemeinhin als Gott bekannt. Die Subjektivität der Erfahrung, die Tatsache, dass selbst, wenn alle Mechanismen der Erkenntnis bekannt wären, diese eben nicht auf rein kalkulatorische, objektive Prinzipien reduzierbar sind, ist dem klugen Mann mit der hohen Perücke ebenfalls klar. In seinem berühmten Mühlengleichnis bringt er es auf den Punkt. Weil das Gleichnis so schön klingt, und den Kern individueller Erfahrung gründlichst rausschält, sei es hier im Ganzen zitiert:

„Denkt man sich etwa eine Maschine, die so beschaffen wäre, dass sie denken, empfinden und perzipieren könnte, so kann man sie sich derart proportional vergrößert vorstellen, dass man in sie wie in eine Mühle eintreten könnte. Dies vorausgesetzt, wird man bei der Besichtigung ihres Inneren nichts weiter als einzelne Teile finden, die einander stoßen, niemals aber etwas, woraus eine Perzeption zu erklären wäre."

Aber schon viereinhalb (!) Jahrhunderte vor Leibniz war einem spanischen Laien-Theologen etwas heiß geworden. Im Sommer 1274 hat der Katalane Raimundus Lullus eine geniale Eingebung und entwickelt eine Maschine, mit der er Moslems dazu bringen will, zum Christentum zu konvertieren. Er meint, die Muselmanen seien zu beschränkt, um die wahre Göttlichkeit von Gott und Jesus zu erfassen, und will sie ihnen durch geschickte Begriffsbildungen nahe bringen. Lullus will aber nicht nur theologische, sondern alle Ideen, alle Fragen der damaligen Zeit, mit Hilfe von rotierenden Scheiben darstellen. Dazu müsse man nur, so Lullus, alle zur Verfügung stehenden Begriffe auf den Scheiben notieren oder durch Symbole darstellen. Lullus' Maschine soll dazu anleiten, alle wichtigen Fragen an die Wirklichkeit zu stellen. In einem seiner größten Werke, dem „Arbor scientiae", konstruiert Lullus 4000 solcher Fragen, die allerdings alle nicht beantwortet werden.

Die Produktion christlicher Glaubensargumente mittels der Kombinatorik überzeugt nicht jedermann: Die Moslems steinigen Lullus – übrig blieb der Versuch, mit einer Maschine Begriffe so zu verknüpfen, dass sie sinnvolle Aussagen ausspuckt. Lullus gilt daher als Urahn der KI. Er ist einer der Ersten, die den Prozess der Wahrheitsfindung mechanisieren und in eine vorgegebene Folge stereotypisierter Prozeduren zerlegen wollen.

Aber zurück zum missionarischem Eifer des 21. Jahrhunderts. Es ist anzunehmen, dass die Utopie der totalen Beherrschung der Natur und des Menschen, wie alle bisherigen Utopien, nicht an ihren Gegnern, sondern an ihren eigenen Widersprüchen und ihrem Größenwahn scheitert. Auf der anderen Seite steht die Tatsache der technischen Evolution. Je mehr das technische Vermögen anwächst, umso selbstbewusster wird das ingenieurhafte Bewusstsein. Damit werden seit jeher die Fantasien beflügelt, welche die Metamorphose des irdischen Raums in eine perfekte, maschinale Ordnung anstrebt. Dass Gott, wenn es ihn denn gibt, ein Mathematiker sein muss, ist seit Platon Idee, seit dem 17. Jahrhundert technisch unterfütterte Überzeugung. Und das wiederum heißt, dass das Wesen der Welt nur in einem mathematischen Code aufbewahrt sein kann.

Der Einzug der maschinellen Ordnung in den Raum der Natur zeigt die stete Hoffnung, dass diese sich dem Zugriff der gestaltenden, gottähnlichen Potenz des Menschen nicht entziehen wird. „Tut sie aber doch", wird der Liebhaber natürlicher Wildnis jetzt einwenden, „und zwar vor allem dort, wo sich die Technik gegen die Natur stellt und sich nicht ihren Gesetzen anpasst." Aus Sicht der Techno-Utopiker ist das vorsintflutliches Wehgeschrei, mystisch angehauchtes Gejammer, denn ihr Plan ist bestechend: Man beachtet die natürlichen Gesetze, indem man sie benutzt, weiterentwickelt und anschließend überwindet. Sie entwerfen eine „Theologie des Schleudersitzes“, der die Menschheit nicht nur aus ihren sozialen und ökologischen, sondern auch ihren spirituellen Bestimmungen rauskatapultieren soll.

Wenn auf der einen Seite die digitalen Evangelisten stehen, dann sind die ewigen Warner und Mahner, die stets behaupten, dass mit jeder neuen Entwicklung Sinnverlust und Uneigentlichkeit einhergehen, nicht weit. Aus obrigkeitsgeschwängerter Sicht gefährdet jedes neue Medium die Moral der Bürger. Vor der Lektüre von Romanen wird im 18. Jahrhundert ebenso vehement und mit denselben Argumenten gewarnt, wie sie heute gegen das Fernsehen ins Feld geführt werden. Wohl gemeinte Ratschläge zur Bewahrung der Volksgesundheit sind die andere Seite. In einem frühen Fall von Technologiefolgeabschätzung warnt das „Königlich Bayrische Medizinalkollegium“ um 1835 vor den Gesundheitsrisiken beim Benutzen der Eisenbahn. In dem Gutachten heißt es: „Ortsveränderungen mittels irgendeiner Art von Dampfmaschine sollten im Interesse der öffentlichen Gesundheit verboten sein. Die raschen Bewegungen können nicht verfehlen, bei den Passagieren die geistige Unruhe, ‚delirium furiosum‘ genannt, hervorzurufen.“ Seither muss dieses Beispiel für die Irrungen der Fortschrittsbremser herhalten. Das Problem dabei ist nur, dass neuere Forschungen ergeben haben, dass dieses Gutachten nie existiert hat, sondern schon damals von den Befürwortern der Eisenbahn eingesetzt wurde, um die Gegner lächerlich zu machen.

Bei genauerer Betrachtung waren die damaligen Ängste vor der Eisenbahn nicht unbegründet: Bei einem der ersten großen Zugunfälle kamen bei Belleville in Frankreich 50 Menschen ums Leben, im Jahre 1889 wurden allein in Deutschland 602 Personen bei Eisenbahnunfällen getötet, in den USA waren es nicht weniger als 6000 Tote und über 29.000 Verletzte. Zugleich war die Eisenbahn die erste Maschine, die wirklich öffentlich sichtbar wurde. Die Dampfmaschinen in den Fabriken kannte man nur vom Hörensagen, mit der Lokomotive wurde die neue Zeit greifbar. Ihre Schnelligkeit, ihre schier unaufhaltsame, schienengeleitete Fahrt machten sie zum positiv wie negativ besetzten Symbol. Politisch stand sie für die einen für Demokratie und Republik, die sich unter Volldampf durchsetzen würden, für die anderen für die eiserne Unerbittlichkeit, die alle althergebrachten Traditionen überrollt.

Bis zur Aufklärung wird Technik ohnehin als infernalische Innovation abgelehnt. Bis in das 16. Jahrhundert hinein gelten Technik und Magie als weitgehend identisch. Mit Beginn der Industrialisierung ändern sich die Argumente. Dahinter steht zum einen oft die begründete Angst, durch den technischen Fortschritt den Arbeitsplatz zu verlieren, zum anderen sind es apokalyptische Urbilder, die in den Technikmäklern nach oben gespült werden. Hier wirkt das mythische Modell des Zauberlehrlings, der die herbeigerufenen Geister nicht mehr loswird. Das Prinzip der Furcht gleicht sich seitdem: Die technisch perfekte Maschine überholt und beherrscht ihren Erfinder, den imperfekten Menschen. Selbst Karl Marx benutzt Metaphern, die die Industrie als monströses Ungeheuer darstellen.

Das Schlagwort des „Maschinenstürmers“ müssen sich heute alle diejenigen um die Ohren hauen lassen, die den ständigen Innovationen der Technik feindlich gegenüberstehen. Dabei ist bis heute umstritten, ob der „Maschinensturm“, diese prügelnde Protestbewegung von Arbeitern in England und auf dem europäischen Kontinent, nur eine blinde Aversion gegen das Neue oder ein Protest gegen das System der maschinell gestützten Arbeitsteilung war. Wahrscheinlich beides. Fest steht, dass der Einzug der Maschinen in die Fabriken von den Arbeitern des ausgehenden 18. und beginnenden 19. Jahrhunderts nicht zwangsläufig als bedrohlich angesehen wurde. Die Opposition war erst dann besonders ausgeprägt, wenn die Meister, Unternehmer und Fabrikanten die Webstühle, Druckerpressen und Förderanlagen dazu nutzten, herkömmliche Qualitätsstandards zu senken und die Löhne zu drücken.

Auf der anderen Seite rüttelte die Kraft der Maschine an den vertrauten Statusgrenzen der ständischen Ordnung. Die spannende Frage von heute ist nun, welche Grenzen die Wissenschaft und Praxis von der maschinellen Intelligenz überschreitet. Auch ihr wird die Kraft zugesprochen (zu) schnelle Veränderungen herbeizuführen. Traditionen behindern nicht nur Fehlentwicklungen, sondern Entwicklungen überhaupt. Aber welche Traditionen sind in Gefahr? Aus Sicht der Kritiker stehen die humanistischen Traditionen auf dem Spiel, aus Sicht der Förderer nur der Größenwahn des Menschen, der nicht einsehen will, dass auch er nur ein wohl geordnetes Prinzip ist, eine chemisch-physikalisches Verfahren, das damit prinzipiell nachbaubar ist.

Im 20. Jahrhundert entdeckt man in einer Mischung aus Neoromantik und tatsächlich drängenden Umweltproblemen die Natur neu. Das künstlich Erschaffene, die Technik – das wird als Antagonist der Natur erkannt, die durch den Fortschritt Gefahr läuft, unwiederbringlich zermalmt zu werden. Schon Francis Bacon (1561–1626) und später eben auch Descartes waren von der Idee beseelt, dass Technik die Natur übertreffen muss. Diese Idee schwingt seither in den Konzepten der technischen Naturwissenschaften mit. Natur muss man erkennen, um sie anschließend zu manipulieren und sich zu ihrem „Herrn und Meister" (Descartes) zu machen. Aber: Apokalyptiker und Apologeten der modernen Technik verkennen in ihrem Eifer gerne, dass es keine Technik ohne Kooperation mit der Natur geben kann. Dies bedeutet mehr, als dass Technik auf die Natur als Ressource zugreifen muss. Ein Kraftwerk ist auf Kohle nicht nur als Energielieferant angewiesen, sondern ebenso auf die Eigenschaften des Erzes. Immer müssen natürliche Kräfte wirken, damit Technik überhaupt ihre Kraft entfalten kann. Über diese Koproduktivität wird gewöhnlich, „im Dienst der Selbstermächtigung autonomer Technik" (Hartmut Böhme) geschwiegen, obwohl jeder Techniker davon weiß.

Genug des Rückblicks. Der philosophisch geneigte Leser wird unschwer die verschwiegenen Rastplätze erkennen, auf denen die Pioniere, Schrittmacher und Plagiatoren ihren Picknickkorb auspacken. Wem die Methoden der Physik zum Bau des Seienden völlig ausreichen, der wird landläufig als „ontologischer Reduktionist" bezeichnet. Das klingt fies und so ist das wohl auch gemeint, denn seine Prämisse ist das *„Nichts anderes als...“*. Lebende Organismen sind „nichts anderes als eine komplexe Anhäufung von Molekülen", und Geist ist „nichts anderes als das Funken der Neuronen". Die klassische Form der hartgesottenen KI ist hier zu verorten.

Wer meint, ein Verständnis der Intelligenz und anderen Lebenserscheinungen sei nur durch physikalische Theorien möglich, der wird „methodischer Reduktionist" genannt. Das klingt zwar immer noch unfreundlich, ist aber Teil des Programms jeder Naturwissenschaft, deren Ziel Erklärung und Verstehen ist. Diese Form des Reduktionismus lässt bewusst offen, ob sie irgendwann zu einer vollständigen Naturerklärung führen wird. Hier ist die aufgeklärte Form der klassischen KI zu verorten.

Wer meint, dass neue Eigenschaften aus dem Zusammenspiel einzelner Teile entstehen, der ist ein Emergenztheoretiker. Von Emergenz spricht er dann, wenn er zur Beschreibung und Erklärung der höheren Ebenen materieller Organisation Begriffe benötigt, die auf den niedrigen Ebenen noch nicht anwendbar sind. Ein guter Schüler aus dieser Klasse beachtet nicht nur die Teile, sondern auch das Ganze. Hier ist die neue, körperbasierte KI zu verorten. Diese drei Entwürfe verbindet eine Eigenschaft: Sie stützen sich nur auf Wissen, das in irgendeiner Form empirisch überprüfbar ist. Dadurch wird das erkennende Subjekt mitsamt allen Erfahrungen, die nicht objektivierbar sind, systematisch ausgeschlossen. Die erste große Frage ist nun: Hat das Auswirkungen für den Bau von intelligenten Maschinen? Antwort: Wohl nicht. Die zweite große Frage: Hat das Auswirkungen für den

Bau selbstbewusster Maschinen? Die Antwort: Wie wir noch später sehen werden, wahrscheinlich ja. Ach ja, und wer meint, dass alle oben genannten Positionen nichts zur Lösung der Frage „Was sollen wir mit KI tun?“ beitragen, nun, der ist intelligent.

Den einzigen wesentlichen Unterschied zwischen dem Menschen, der von Vater und Mutter stammt, und der ideal vermenschlichten Maschine bildet lediglich der Baustoff, der das eine Mal lebendig, das andere Mal tot ist.

*Stanislaw Lem, „Fiasko"*

# 6. Dritte Zwischenlandung: Ich will Technik sein!

Durch meine Träume schwirren seit zwei Nächten Nullen und Einsen, dazu irrsinnige Mathematiker, die sich mit zersausten Haaren Schachbretter wie Frisbees zuwerfen und dabei wirre Formeln rausbrüllen. Eine Hustenattacke weckt mich mitten in der Nacht auf, Schlafanzug, Bettwäsche und Laken sind klitschnass. Künstliche Intelligenz, das ist auf einmal eher ein zerfurchter Acker für bedrohliche Reiterkämpfe mit Streitäxten, als die mit Klatschmohn betupfte Spielwiese von Elektro-Freaks, eher tanzender Techno-Terror, denn friedliches Forscher-Fest. Wie aber besiegt man die innere Gefahr? Weglaufen klappt hier nicht, denn die apokalyptischen Reiter sind immer schneller, es bleibt also nur, sich dem Strudel zu übergeben, selbst in den röchelnden Abfluss hinabzugleiten, zusammen mit den Fakten und Mythen der KI durch den Schlund zu rauschen. Als sich der dichte Wattebausch aus Wick-Medi-Night, Aspirin und Paracetamol lichtet, sehe ich die neue Aufgabe vor Augen: Das Bündnis muss noch enger werden, KI und ich, dass muss wie eine Melange im Wiener Kaffeehaus spielerisch die Zunge umschmeicheln. Aber was oder wer hilft mir bei dieser endgültigen Entgrenzung, meiner innigen Verbindung zur Techno-Sphäre, der quasi-psychotischen Auflösung meines Ichs im Stillen Ozean der Festplattensektoren? Wo löse ich das Ticket für den Front-Side-Bus, um möglichst schnell in den unendlich großen Arbeitsspeicher zu gelangen? Wie werde ich Zahnrad im Getriebe, oder ganz praktisch ausgedrückt: Aus welchen kleinen Teilen ist die Welt der KI zusammengesetzt? Die Antwort kommt einen Tag später in Form des Postboten.

Der Postbote bringt ein Paket, keine drei Stunden später liegen gelbe, schwarze und graue Lego-Steine auf dem Boden verstreut, Gummireifen kullern in der Gegend rum, kleine Zahnrädchen verschwinden in den Ritzen des Holzfußbodens. Natürlich sind das genau die Teile, die kurz darauf eine wichtige Rolle für die Konstruktion spielen und so pfriemel ich mit einer Pinzette in den Bohlenspalten rum. Lego, dass waren schon immer die Traumklötzchen der bastelnden Zunft, nur hat dieses System hier vor mir kaum noch was mit den bunten Ziegeln gemein, die eine Generation von Jünglingen glücklich durch die Kindheit brachten. Sicher, alle Teile sind noch als Lego zu erkennen, aber neben den klassischen Blöcken gibt es schwarze Querverstrebungen, dünne Röhren, Gummilitzen, Zahnradtonnen, Kreuzschlitzmuffen, Drucksensoren, hohle Winkel und lange Schläuche. Das irritiert, macht aber auch mächtig neugierig auf das „Robotic Invention System“, kurz RIS, wie der dänische Spielzeugfabrikant seine neueste Innovation nennt.

Auf der Packung prangt neben dem kleinen Lego-Logo ein fettes „MINDSTORMS“, und dieser Sturm hat mich schon erfasst, sonst würde ich kaum im Bademantel über den Teppich robben. Aus den Serifen zucken Blitze quer über den tiefblauen Karton, und ich bin von dem sicheren Gefühl durchdrungen, dass aus dieser Ursuppe ein Geschöpf ganz nach meinem Willen entstehen wird. Endlich keine abstrakten Formeln mehr, sondern handfeste Fakten, nicht mehr über Forscher schreiben, nein, selbst ein Forscher sein, der KI in der eigenen Küche kocht. „Rollen muss das Vieh“, murmle ich mir zu und fange an.

Der Titel „Mindstorms“ stammt von Seymour Papert, einem Professor für Psychologie und Mathematik am MIT. Papert ist von Jean Piaget beeinflusst, mit dem er Anfang der 60er Jahre an der Universität Genf zusammenarbeitet. Für die beiden Forscher ist klar: Verstehen ist Erfinden. Damals wird er belächelt, als er auf die Bedeutung von Computern für heranwachsende Kinder hinweist. Für ihn bieten die Rechner die Möglichkeit, dass Kinder Kreatives selbst erschaffen. Von den konkreten Anwendungen sieht sich der 1928 in Südafrika geborene Forscher aber enttäuscht. Weniger das eigene Gestalten als die möglichst schnelle Beantwortung von Fragen steht bei Lernsoftware meist im Vordergrund, so verkommen die Kindern zu „Antwortmaschinen". Papert ist froh, als Lego ihm freie Hand bei der Entwicklung eines Systems gibt, das sein pädagogisches Konzept mit elektronisch-mechanischem Spielzeug verbindet.

Das Lesen von Bedienungsanleitungen ist von jeher was für unbegabte Trottel, also bastle ich einfach drauflos. Schnell entdekke ich das Herz des RIS: Ein 10 x 6 Zentimeter großer gelber Lego-Klotz mit den typischen Noppen und einem kleinen Display. An diesen lassen sich andere Einheiten anschließen, wie die im Kasten enthaltenen kleinen Motoren und Sensoren. Gummiräder an die Motoren, Motoren an die gelbe Steuereinheit, dann die Kabelverbindung, das war's. Denkste Puppe, denn obwohl die Batterien satt gefüllt sind, bewegt sich gar nichts an meinem archaischen Gefährt. Ich stupse meinen kleinen Freund an, dabei fallen zwei der vier Räder ab, bei der Reparatur springt eine Querverbindung in die Reste meiner zwei Meter entfernt lagernden Spaghetti Bolognese.

„Ein gutes Spiel ist nicht nur unterhaltend, es zeigt mir auch, wie ich lernen kann", sagt Papert in einem Interview. Meine erste Lektion ist schon mal klar: Obwohl groß auf der Packung steht „Ab 12 Jahren" reicht meine Kapazität offensichtlich nicht aus, einen simplen Rollwagen zu konstruieren. Also doch die Bedienungsanleitung raus, Schande. Nach ein paar Seiten wird mir klar: Die Kiste will nicht nur exakt gebaut, sondern auch programmiert werden! Auf einem Windows-Rechner installiert ist die Software intuitiv zu bedienen, ich verschiebe Objekte, die Bezeichnungen tragen wie „Fahre zwei Sekunden vorwärts" oder „Warte fünf Sekunden", auf dem Desktop hin und her. Mittels eines Infrarot-Senders übertrage ich das Programm in die gelbe Box, die nach dem Empfang aufgeregt piepst. Die im Handbuch vorgeschlagene Konstruktion zum Bau eines rollenden Anfängerroboters ist aufwendig, aber sehr viel stabiler als mein gebrechlicher erster Versuch.

Eine Besonderheit denke ich mir noch aus: Ein Sensor an der Stoßstange soll Kollisionen mit der geerbten Eichenschrankwand erkennen. In der Software lässt sich sehr genau festlegen, was die beiden Antriebsaggregate nach einem Signal durch den vorderen Sensor tun sollen. Ich instruiere sie, wie schlau, zum rückwärts fahren. Nach einem halben Tag Arbeit, nein, fröhlichem Spiel, ist der große Moment gekommen. Die Akkus sind gefüllt, das Programm ist übertragen, die Räder sitzen fest – ich drücke auf den grünen Run-Button und ... das Vehikel bewegt sich tatsächlich vorwärts. Leider ziemlich zügig, und so steht schnell die Schrankwand im Weg. Die integrierte Hausbar zeigt sich unbeeindruckt vom Einschlag des flotten Flitzers, dieser zerlegt sich dagegen gründlich in seine Bestandteile. Ergo: Der Wagen ist zu schnell, zudem muss der Stoßsensor flexibler aufgehängt werden.

Als Lego sein Mindstorms-Projekt 1998 auf den Markt bringt, ist der Bastelkasten zunächst Spielzeug für Männer, weniger für Kinder. Es dauert nur wenige Wochen, bis Hacker das Innenleben der Steuereinheit entschlüsselt haben und eigene Programmierschnittstellen bereitstellen. Die graphische Benutzeroberfläche, für den normalen Anwender ein Vorteil, ist aus Sicht der versierten Bastler eine Einschränkung. Lego tritt die Flucht nach vorne an und veröffentlicht den Quellcode des Systems. Heute können die Lego-Roboter in Java, FORTH oder C programmiert werden, im Netz beschäftigen sich Homepages mit der Konstruktion von Prototypen, Verlage veröffentlichen Sekundärliteratur zum Thema, an der Universität Oldenburg arbeiten Informatiker mit „Mindstorms".

Nach Angaben der Firma Lego hat sich auch die Klientel geändert, heute seien nur noch 30 Prozent der Nutzer über 18 Jahre alt. Zumindest finanziell muss Papa aber noch immer unterstützend eingreifen, der Spaß kostet immerhin 250 Euro. Papert ist von der Entwicklung begeistert: Für ihn geht es nicht primär darum, dass Kinder technologisches Wissen und Fähigkeiten erlangen, sondern dass sie beim Konstruieren von Robotern Erfahrungen im Management von Projekten machen. Technik, dass ist für ihn per se weder gut noch schlecht, es käme vielmehr darauf an, was der (in diesem Fall wohl tatsächlich weniger die) Einzelne aus den Optionen formt. Papert: „Generell kann man sagen, bei einem guten Spiel dominiert der Spieler die Maschine. Bei einem schlechten ist es umgekehrt, da dominiert die Maschine und diktiert dem Spieler das Verhalten."

Nun, seit drei Tagen bestimmt die rudimentäre Maschine meinen Tagesablauf, und der verdammte Stoßfänger entwickelt sich zur Knacknuss. Entweder der dahinter liegende Sensor reagiert so empfindlich, dass er schon durch ein leichtes Aufschaukeln des Wagens dauernd und grundlos stimuliert wird, oder aber selbst eine Hochgeschwindigkeitskollision lässt ihn kalt. Die flexiblen Röhren im Set stellen sich als die perfekte Lösung heraus: Sie federn die gröbsten Stöße ab, lassen aber auch sensible Berührungen durch. Weniger aufwändige Programmierarbeit, sondern das Ausnutzen der strukturellen Eigenschaften des Materials brachte die Lösung, eine Erfahrung, die sich von nun an wiederholt. Und: Vermeintlich einfache Dinge gestalten sich oft als überraschend schwierig. Meist sind die besten Lösungen dann wiederum einfach und elegant zugleich.

Jedenfalls bin ich infiziert und suche im Internet nach Plänen für ausgefeiltere Roboter. Ich stoße auf eine Vogelfüttermaschine, die jedes Mal ein Foto schießt, wenn ein Tier sich zum Essen an den Napf setzt. Begeistert rufe ich meinen in der Spielzeugbranche tätigen Freund Christian Hoppmann an und berichte überschwänglich von „einer neuen Dimension". Ein paar Stunden später krabbeln wir gemeinsam über den Boden, das Ziel ist ein Fahrzeug, das sich nicht zwischen Stuhl – und Tischbeinen festfährt und sich zudem lieber im Licht als in der Dunkelheit aufhält. Ohne darüber nachzudenken richten wir nach kurzer Zeit eine Arbeitsteilung ein – Hoppmann bastelt, ich programmiere. Nach zwei Abenden ruckelt tatsächlich ein Karren durch meine Wohnung, der über eine Stunde seine Autonomie wahrt und – aufgrund des eingebauten Lichtsensors – unter den Halogenlichtern ein Päuschen einlegt.

Paperts Plan scheint zu funktionieren. Er vermutet schon lange, dass nach der Bereitstellung des richtigen Materials „Kinder intellektuelle Leistungen vollbringen können, die ihre Lehrer und sogar sie selbst in helles Erstaunen versetzen". Nebenbei wird eine mythische Domäne des Informationszeitalters entzaubert: die Programmierung. Die Welt ist voll von Geräten, die mehr oder weniger intelligent auf Kinder und Erwachsene wirken. Aber so wie das klassischen Lego zeigt, dass auch große Dinge aus kleinen Teilen geschaffen werden können, zeigt das moderne Lego, dass hinter vermeintlich schlauem Verhalten nur eine Anweisung mit genau bestimmten Parametern stecken kann. Das pragmatische Konzept des Verstehens durch Nachbauen findet hier eine neue Form im spielerischen Raum. Es ist Papert vorgeworfen worden, dass das „Mindstorm"-System zu sehr auf die Beherrschung und Einordnung der Welt abstellt. Es ist die Frage, ob diese Bastelei tatsächlich eine Einstellung fördert, die nicht anerkennen will, dass es Dinge im Alltag gibt, die nicht beherrschbar sind, weil sie nicht nach den fein justierbaren Mechanismen eines Roboters funktionieren. Dann wären schon Holzbauklötze Zeichen einer alles durchdringenden patriarchalischen Kultur. Gut ist es zweifelsfrei, vom passiven Empfänger zum Gestalter der Umwelt zu werden. Der Schritt in den Größenwahn der Omnipotenz scheint dann eher vom sozialen Umfeld als einem Baukasten abhängig zu sein.

Einen Monat später haben Scharen von Kindern zwischen sechs und 36 mit meinem mobilen Roboter gespielt. Die Jungs und Männer meist – wie soll es anders sein – enthusiastischer als die Mädchen und Frauen. Zwar wird gelacht, aber eine treusorgende Bindung will keiner der Spieler zu dem Gerät aufbauen – trotz aller überraschenden Wendungen, die der Zahnradkobold in seinem

Verhalten zeigt. Es liegt nicht nur am mangelnden Fellüberzug, dass keiner der bunten Prozessoreinheit Leben einhauchen will. Es ist die Vernunft, die unseren Maschinen ihre Funktionen zuweist, daran angehängt sind aber immer die Mythen, die unseren elektronischen Maschinen Bedeutung geben. Bei den bunten Klötzchen des RIS überlagert der alte Mythos von Lego den zarten Mythos der zu beseelenden Maschine deutlich. Lego, dass ist halt knallhartes Männerhandwerk, ist Architektur und Statik.

In einem Anflug von Langeweile montiere ich meinem kleinen Hausroboter eine Bürste ans Hinterteil. Nun zieht er seine Bahnen und durch kurze Schüttelbewegungen unterstützt wischt er ohne Meckern meinen Boden; zwar nicht besonders gründlich, aber immerhin. Trotz der unbestreitbaren Erfolge beim Bau von quasi schlauen Helfern bin ich enttäuscht. Soll das alles sein? Ist das „State of the Art" der Zusammenführung von KI und Menschen im Alltag? Es muss doch tiefer gehende Fusionen von artifizieller und menschlicher Intelligenz geben! Wer treibt sie voran, die Symbiose mit der Maschine?

Bei genauerer Betrachtung fallen zwei Weisen der Verquickung von menschlichem Körper und Künstlicher Intelligenz auf. Die Kultur der Automaten versucht den gesamten oder Teile des menschlichen Geistes in die Maschine einzubetten. Die Kultur des kybernetischen Organismus versucht dagegen, die maschinelle Intelligenz in den menschlichen Körper einzupflanzen. Das nennt sich dann Cyborg. Die selbstbewegte Maschine ohne organischen Anteil ist das klassische Motiv der KI, der biologische Organismus mit maschinellen Anteilen ist das klassische Motiv der Prothesen-Medizin. Diese erhält mit den gestiegenen Chancen der Miniaturisierung ihr Potential, das Bild der KI gründlich umzumalen.

Zeitsprung: Zeitgleich mit dem Hauptwerk von Kopernikus veröffentlicht der paduanische Arzt Andreas Vesalius 1543 „De humani corporis fabrica", ein voluminöses, reich bebildertes Werk, das mit vielen irrigen Vorstellungen vom Aufbau des menschlichen Körpers aufräumt. Damit beginnt nicht nur die wissenschaftliche Anatomie der Neuzeit, der Schinken zeigt auch den Willen, nicht nur das Weltall in einer maschinellen Ordnung zu sehen, sondern auch das Universum des menschlichen Körpers. Wo bislang undurchdringliches Gewimmel herrschte, öffnet die Anatomie dem Licht der Vernunft Einlass ins vom Schöpfungsgeheimnis erfüllte Dunkel des organischen Lebens. Der Kulturwissenschaftler Hartmut Böhme schreibt: „Die Maschine wurde zum Modell des menschlichen und tierischen Körpers, aber auch des Lebens der Pflanzen und schließlich sogar der Zelle."

Von nun an wandern immer mehr technische Geräte in die Sphäre des Körpers. Schon die Erfindung des Linsenschleifens brachte die Technik nah an den Körper, die eiserne Hand von Götz von Berlichingen zeigt bereits die mythische Kraft der Prothesentechnik, die heutigen Herzschrittmacher sind Träger des Lebensrhythmus. Fast alle Menschen im westlichen Kulturkreis tragen heute Plomben und Zahnersatz. Glaubt man einigen Medizinern, ist das nur der primitive Beginn einer weitreichenden Kolonisierung des Körpers durch immer intelligenter werdende Artefakte: Das größte Problem ist dabei nach wie vor die Verbindung von elektrischen Leitern mit Nervenfasern. Schon heute existiert aber ein „Cochlea-Implantat", das im Falle einer bestimmten Art von Taubheit in die Ohrschnecke implantiert wird. Ein Mikrophon erfasst akustische Signale, diese werden von einem Mikroprozessor weiterverarbeitet. Durch Radiowellen werden diese Signale an den im Kopf eingepflanzten Empfänger-Simulator übermittelt, der sie in elektrische Impulse zurückwandelt und den Hörnerv reizt.

Nur zu passend erklärt Filippo Tommaso Marinetti 1909 im Futuristischen Manifest: „Mit uns beginnt die Herrschaft des von seinen Wurzeln abgetrennten Menschen. Die des vervielfältigten Menschen, der sich mit dem Eisen vermischt und von Elektrizität nährt. Bereiten wir die bevorstehende und unvermeidliche Verschmelzung des Menschen mit dem Motor vor." 80 Jahre später ist dieser Punkt mit der Produktion von Organoiden fast erreicht. Querschnittsgelähmten werden mikrogesteuerte Elektroden implantiert, die für die normalerweise vom Rückenmark ausgehende Stimulierung der geschwächten Muskeln sorgt. Der elektromobile Mensch kultiviert die Schnittstelle zwischen sich und den elektronischen Mikrosystemen zunehmend, wobei das extremste Exemplar dieser Gattung sicherlich der australische Bodykünstler Stelarc ist.

Zschhhh, pfffftt, zschhhh, pfffftt – aus dem Backsteinsaal dringen seit fünf Minuten Pressluftfürze und ich werde unruhig. Ich habe keine Eintrittskarte, und die „Exoskeleton" Performance von Stelarc, der lebenden Mensch-Maschine, ist restlos ausverkauft. Schließlich hat der charmante Obermufti am Eingang ein Einsehen mit mir und lässt mich in eine riesige Industriehalle auf dem Gelände der Hamburger Kampnagel-Fabrik. Dort steht Stelarc, ein Mann, leicht erhöht in einem Gewirr von Teleskopbeinen, Druckluftzylindern, Schläuchen und Kabeln. An seinen nackte Oberkörper sind Elektroden angebracht, sein rechter Arm stekkt in einer steifen Manschette, nur die Hand hat so viel Bewegungsfreiheit, dass sie einen kleinen Joystick bewegen kann. Beim näheren Betrachten fällt auf, dass der glatzköpfige Stelarc seine Gehmaschine durch Muskelkontraktionen steuert – oder steuert die Maschine ihn? Genau das soll beim Kunstwerk Stelarc unklar bleiben. Ein mächtiger Kabelstrang führt zu einer zweiten Steuereinheit im Saal, dort sitzen coole Helfer. Autonom rockt der Star also nicht den Saal, aber das steht auch nicht im Vordergrund. Für Stelarc ist die Symbiose von Biologie und Technik keine Spekulation, keine Science-Fiction, sondern umgesetzte und erlebbare Realität. 1999 vernetzt er seinen Körper mit dem Internet, so dass User aus aller Welt seinen Körper per Mausklick steuern können, ein paar Jahre zuvor setzte er sich eine Kapsel in den Magen ein, die sich öffnet und Töne sowie Blinkzeichen von sich gibt.

Im Saal ist weiterhin nur das Zischen und Verpuffen von Luft zu hören, wobei mir und auch dem Publikum der Knalleffekt fehlt. Sicher, Stelarc stapft teleskopisch, ferngesteuert und dampfgetrieben durch die kalte Halle, aber insgesamt wirkt die Aktion eher wie ein von der Firma Stihl gesponsertes Reha-Zentrum für verwirrte Gabelstaplerfahrer, die selbst in der Freizeit ihr Bier am liebsten mit dem gewohnten Arbeitsgerät aus dem Kühlschrank holen. Es bleibt jederzeit deutlich, dass hier ein Mensch in beziehungsweise auf einer pneumatischen Maschine steht. Die beiden rütteln sich zwar kräftig gegenseitig durch, aber von symbiotischen Verhältnissen ist nichts zu entdecken. Müder Applaus, ich nähere mich der Diva, die erst einmal aus dem Kabelsalat befreit werden muss. Mir ist schon klar, dass Stelarc durchexerziert, was seiner Meinung nach der Menschheit ohnehin bevorsteht: Sie ist eine abgewirtschaftete Gattung, die sich durch die Technik langsam selbst überholen muss.

Sosehr Künstler, Wissenschaftler und die Bilderfabriken die Mittel der modernen Technik nutzen, neu sind auch diese Ideen natürlich nicht. Die Mangelhaftigkeit des Menschen bringt seit Jahrtausenden forsche Geister dazu, nach ganz praktischen Auswegen aus der Sackgasse von Tod und Vergänglichkeit zu suchen. Der Pfad des frommen Glaubens ist vielen dabei zu unsicher, gleichsam unberechenbar, und so muss die Emanzipation des Menschen von seiner unmittelbaren, organisch bedingten Erfahrung eben anders bewerkstelligt werden. Ein feines Beispiel dafür ist nach wie vor Goethes „Faust“.

Ernst Bloch bezeichnet die Experimentierküche der Alchimisten als „die älteste intendierte Form von Technik.“ Der Mensch, so der Famulus Wagner im „Faust“, muss künftig einen „reinern, höheren Ursprung haben“. Die Genese des Homunkulus gelingt im Reagenzglas, nur leider bleibt der kleine Mann gezwungen, in dem Röhrchen zu verweilen. Wo Faust noch versucht die Natur „im Ganzen und mit der Allmacht des Gefühls“ zu begreifen, betritt mit Wagner der moderne Wissenschaftler die Bühne. Goethe ist hier eindeutig von der Figur des Paracelsus inspiriert, einem Arzt und Naturphilosophen. Dieser erschafft (auf dem Papier) im 16. Jahrhundert allein aus männlichem Sperma in einer hermetisch abgeschlossenen Phiole den Homunkulus.

In seiner Begrüßungsrede weist die „zierliche Gestalt“ im

„Faust" allerdings sofort darauf hin, was ihn als künstlich kristallisiertes Wesen vom natürlichen Menschen unterscheidet:

Das ist die Eigenschaft der Dinge:
Natürlichem genügt das Weltall kaum,
Was künstlich ist, verlangt geschlossnen Raum.

Schöpfer Wagner will nicht so recht einsehen, weshalb der Homunkulus nur „halb zur Welt gekommen" sein soll. Er sieht sich in der Tradition biblischer Schöpfungsgeschichte, nur dass nun halt der Mensch die Sache selbst in die Hand nimmt und eine Schwangerschaft in vitro einleitet. Altmeister Goethe war nie so eindimensional, der Naturbeherrschung durch den Menschen freudig die Lanze zu brechen. Nein, der gesamte V. Akt des Faust ist Warnung vor der Ignoranz gegenüber der Natur. Deshalb lässt Goethe Mephistopheles sagen: „Die Elemente sind mit uns verschworen, / Und auf Vernichtung läuft´s hinaus." Es ist der blinde Wagner, der glaubt, sein Ideal mit seinen Mitteln verwirklichen zu können. Der Gag: Homunkulus selbst ist sich seiner Unkörperlichkeit bewusst und sucht in der ekstatischen Walpurgisnacht nach Körperlichkeit und Sterblichkeit. Schließlich verschmilzt er mit dem Meer – aus Sicht der damaligen Zeit dem Lebenselement schlechthin – und geht erst in diesem Moment in den Kreis von Geburt und Tod ein.

„Der Körper", so sagt Stelarc schwitzend zu mir „ist evolutionär überaltert, er muss ergänzt und erweitert werden." Er träumt von synthetischer Haut, die Sauerstoff direkt durch die Poren aufnehmen und Licht in chemische Nährstoffe umwandeln kann. Egal ob der Körper von außen an eine Maschine angeschlossen wird oder ob die Maschinen in ihn hineinwandern, nach der Theorie des Body-Hackers müssen wir uns darauf vorbereiten, Bestandteile von immer komplexeren Mensch-Maschine-Systemen zu werden. Auf die Frage nach dem Wesen des Menschen antwortet er atemlos: „Was uns einzigartig macht ist eben die Technologie. Diese ist nicht etwas Fremdes, anderes. Man kann Technologie und Körper nicht trennen, Technologie ist ein Teil des Menschen." Der nächste Schritt ist für Stelarc die Nanorevolution. Für ihn ist klar, dass intelligente Maschinen in die Eingeweide des Körpers einwandern, ihn dauerhaft bevölkern und auf der zellulären Ebene neu formen. Dann endlich stellt sich das Problem der Schnittstelle auch nicht mehr, denn der Körper ist ein Wirt, der durch Nano-Parasiten von innen heraus umgebaut wird und dessen organischer Ursprung schließlich obsolet wird.

Cyborg, dieser Ausdruck entsteht 1960, als zwei Wissenschaftler für die NASA die Anpassung des menschlichen Körpers an die Bedingungen im Weltraum erforschen. Der „kybernetische Organismus" beschreibt, so der Luftfahrtingenieur Manfred Clynes, das Einswerden von Pilot und Fluggerät. Clynes meinte das noch im funktionalen, weniger im physischen Sinne. Aber zu spät, denn die Nachricht macht der Empfänger, und bei den Sympathisanten der Hybridisierung von Mensch und Maschine fällt das neue Konzept auf fruchtbaren Boden. Seither will der wissenschaftliche, literarische und kinematische Cyborg den inneren Stoffwechsel abstoßen und die unbedingte Kontrolle über den technisch aufgerüsteten Körper erlangen, Sprache wird dann ersetzt durch eine bereinigte Kommunikation auf Datenebene. Das klingt mal wieder schwer nach der Männerfantasie, die Produktivkraft des Unbewussten endlich vollkommen zu beherrschen – und zwar mit allen Mitteln einer martialisch genutzten Technik. Nicht umsonst sind die Cyborgs im Film gepanzerte, gestählte, selbstdisziplinierte Kämpfer, deren Körper mit den tödlichen Waffen zusammengewachsen sind, gleichsam die Waffe schlechthin.

Wo Stelarcs Bemühungen noch etwas armselig wirken, treiben die Trick- und Filmstudios die Cyborg-Fantasien immer weiter nach vorne. In bösester Reinform symbolisieren die „Borg" aus „Star Trek Next Generation" das Design der kommunistischen Gemeinschaft von Maschine und Mensch. Während Lieutenant Commander Data krampfhaft auf der Suche nach Menschlichkeit ist, gehen die Borg ungerührt den umgekehrten Weg. Ihre Perfektion liegt darin, sich zunehmend vom Mensch-Sein zu entfernen, Integrität und Individualität werden im Techno-Kollektiv aufgelöst, gefangene Menschen „assimiliert", das heißt unauslösbar in die dezentral gesteuerte Brigade eingemeindet. Bei diesen Mischwesen ist die Trennung von Mensch und Material nun endgültig nicht mehr möglich – der heilige Cyborg erschafft sich von nun an selbst und ständig neu.

Neben dem Homunkulus ist es der historische Mythos des Golem, der die Aktivitäten des Menschen zur Erneuerung seiner selbst schnittig symbolisiert. Dieses Wesen aus Lehm hat eine lange Tradition unter den verschiedenen Ideen künstlicher Schöpfung. Die eigentliche Legende geht auf talmudische Zeugnisse zurück, das Wort „golem" bedeutet Erdkeim, ungestalteter Klumpen. Psalm 139, Vers 16: „Meinen Golem sahen deine Augen", Luther übersetzt dies mit „Deine Augen sahen mich, da ich noch unbereitet war". Im Talmud schließt der Begriff das ein, was ungestaltet und unfertig, sich in einem Zustand des Werdens befindet. In den talmudischen Adamssagen formt Gott höchstpersönlich den ersten Menschen aus Schlamm, bevor die Seele in ihn geworfen wird und er zur Sprache kommt. In der jüdischen Kabbala wird im 12. Jahrhundert die Figur des Golem wiederbelebt.

Von nun an ist der Golem vordergründig ein fügiger Arbeitsknecht, der seine gewaltige Kraft in den Dienst seines Schöpfers stellt. Die traditionelle jüdische Volkssage setzt Löw ben Bezaleel als Erschaffer des Golem ein, ein Rabbi, dessen Grab noch heute auf dem jüdischen Friedhof in Prag zu bewundern ist. Zusammen mit seinem Schwiegersohn und einem Schüler soll er aus dem jungfräulichen Uferlehm der Moldau eine Gestalt geformt und mittels Gebeten und magischen Formeln belebt haben. Der Sinn der Aktion: Der Golem soll die Juden des Prager Ghettos vor Nachstellungen und Verleumdungen schützen. Zugleich geht er seinem Herrn bei lästigen Haushaltsarbeiten zur Hand, leider oft recht ungeschickt. In den Worten Arnold Zweigs: „Ein schauerliches Ding, das nur Gegenwart besitzt und Kraft der Arme, dessen Welt hinter den Augen erlischt, lebendig ohne zu leben, gegenwärtig ohne Seele, menschengestaltet und kein Mensch."

Für was aber steht der Golem hintergründig? Nun, bei näherer Betrachtung fällt die Blasphemie des Mythos auf. Der Mensch kreiert und belebt ein eigenständiges Wesen nach seinem Ebenbild und ist damit ebenso kreativ wie Gott. Plötzlich bestimmt der Mensch Realität und Wahrheit, bislang eindeutig Sphären göttlicher Kräfte. Damit aber nicht genug: In einer kabbalistischen Auslegung steht dem Golem „JHVH elohim emeth" auf die Stirn geschrieben, was so viel wie „Gott ist Wahrheit" heißt. Der Golem nimmt jedoch ein Messer, zerschneidet den ersten Buchstaben von emeth und nun kann man lesen „Gott ist tot". Vierhundert Jahre später nimmt Gustav Meyrink in seiner populären Golem-Interpretation genau diesen Faden auf. „Gott ist das ‚Ich'. Außer dem ‚Ich' gibt's keinen Gott." Als Meyrinks Roman „Der Golem" 1915 erscheint, unterläuft der Druckerei ein Fehler: Statt der geplanten 2000 laufen 20 000 Bücher aus der Presse, für den damaligen Buchmarkt eine riesige Auflage. Aber die gesamte Auflage ist in kürzester Zeit verkauft, eine preiswerte Sonderausgabe wandert sogar in die Schützengräben des Ersten Weltkriegs.

Unter Meyrinks Feder mutiert der Golem zum mystischen Doppelgänger des Menschen, eine Art höheres Selbst, mit dem der Mensch Kontakt aufnehmen muss, um von der Angst der menschlichen Existenz zu gesunden. Damit übersteigt Meyrink den Kern der jüdischen Tradition bei weitem und verwandelt den tumben Knecht in eine Allegorie für den göttlichen Wesenskern des Menschen. Der gespiegelte Körper dient dabei als Suchmaschine für das Übersinnliche, als Vehikel zur Gottwerdung. Die Überwindung des Fleisches durch das Fleisch – am Ende des 20. Jahrhunderts von Stelarc und anderen Postbiologen potent postuliert – zeichnet sich bereits am Anfang des Jahrhunderts ab.

Wieder zeigt sich: Alle technischen Revolutionen der vergangenen Jahrhunderte sind von massiven kulturellen Imaginationen begleitet. Und in der Regel werden sie entzaubert und kulturell wie sozial integriert. Die Utopien und Ängste, die sich an die Implementierung der Schrift, des Buchdrucks, der Dampfmaschine und der Elektrizität knüpften, sind längst zu Erinnerungen geworden, die nur noch Kulturhistoriker interessieren. Es muss vermutet werden, dass den Computerutopien Gleiches bevorsteht. Die interessante Aufgabe ist demnach heute, das reale Vermögen der Technik und ihre gesellschaftlichen Folgen adrett zu unterscheiden. Es sind zum Teil fantastische Maskeraden, unter denen diese Techniken auf der Bühne der Gesellschaft auftreten und ihr rhetorisches Spiel entfalten. Die Erfahrungen mit der Art von KI, die den Massenmarkt erreicht, sind ebenso ernüchternd wie die medialen Konstruktionen von Mensch-Maschine-Symbionten. Sie laden jedenfalls nicht dazu ein, der Verschmelzung von organischer und anorganischer Materie das Wort zu reden, geschweige denn diesen Einheiten gesonderten oder besonders viel Geist zuzusprechen. Das geht nur mit einer guten Portion Naivität und ausgesprochenem Einhauchungs-Willen.

Zugegeben, auch dies ist eine ausgesprochen westliche Sichtweise. Die japanische Naturreligion, der Schintoismus, hatte nie Probleme damit, leblosen Dingen eine Seele zuzusprechen. Ganz im Gegenteil, alle Bereiche der Wirklichkeit werden vergöttlicht und teilweise mit einem spezifischen Kult gefeiert. Die Verehrung gilt Blumen (Ikebana) ebenso wie Örtlichkeiten. Der „heilige Berg“ Fujiama ist Teil dieser festen Rituale, genauso wie der Yamatokult, der die japanischen Inseln als Götterreiche sieht. Es ist kein Zufall, dass Japan als das „Königreich der Roboter“ gilt, nirgendwo auf der Welt sind Industrie- und Freizeitroboter so verbreitet wie hier. Dies liegt zum einen im Schintoismus, zum anderen in der Geschichte begründet. Die Grundeinstellung des Schintoismus geht davon aus, dass die Realität sinnlich erfahrbar ist und – wichtiger – nur das so Erfasste real ist. Zu diesem Sensualismus gesellt sich eine sauber geharkte Ästhetik. Dem Shinto („Weg der Götter“) nach zeigt sich das Wesen der Dinge in ihren schönsten und kultisch stilisierten Exemplaren. Von hier aus ist es nur ein kleiner Schritt zur Achtung von elektronischem Spielzeug, denn auch dieses ist eine Ausprägung des Göttlichen.

Die Ablehnung von humanoiden Robotern aus gottgefälligen Gründen hat in Japan keine religiöse Grundlage. Dazu kommt die späte, aber gründliche Industrialisierung des Landes. Anders als in westlichen Ländern, so bemerkt Frederik L. Schodt, Experte für die Computerkultur Japans, bedrohten die Industrieroboter kaum Arbeitsplätze, weil japanische Unternehmen selten Arbeiter entließen, deren Arbeitsplatz durch einen Roboter ersetzt wurde. Meist wurde einfach eine neue Stelle geschaffen. „Dazu kommt", so argumentiert Schodt pragmatisch, „dass der Zweite Weltkrieg die Japaner lehrte, dass sie mehr Technologie benötigen, nicht weniger". Auch die frühen Manga-Comics zeigen den Roboter meist als Freund und nicht als Feind des Menschen. Der in Japan legendäre „Tetsuwan Atom", eine Art fernöstlicher Superman, taucht 1952 das erste Mal in einer Manga-Serie auf und mausert sich 1963 sogar zum TV-Helden einer wöchentlich ausgestrahlten Serie. Seine Aufgabe: Nichts anderes als der Weltfriede. Tetsuwan Atom wurde zum Prototypen, nach dessen Vorbild in den nächsten Dekaden Maschinenmenschen in der Kultur Japans gestaltet wurden.

Das Netzzeitalter verbreitet den Gebrauch von imaginären Wörtern wie Viren, Würmer, Spider, trojanische Pferde – organische Bezeichnungen für leblose Materie. Und schon bald wird neben Aibo und Lego noch ganz anderes Getier durch die Wohnzimmer krauchen. Man kann dann darüber streiten, wie intelligent und vor allem wie lebendig diese Kreaturen wirklich sind, aber die Frage nach Künstlicher Intelligenz und künstlichem Leben kann eben nicht nur mittels der analytischen Sprache von „neuronalen Netzwerken", „Emergenz" und „verhaltensbasierten Systemen" beantwortet werden. Diese Sprache verschleiert häufig, dass unser Sinn für Intelligenz und Leben ebenso abhängig von den überlieferten Erzählungen und Emotionen ist, mit denen wir der technischen Welt begegnen. Legos „Mindstorms" und auch der Partner mit der trocken-kalten Schnauze, Sonys Aibo, sind noch zu ungelenk, als dass sie als gleichwertige Gesellen in den Haustierzoo aufgenommen werden, aber die Tamagotchis weisen den

Weg in eine Zukunft, die unter dem Fell weniger die Elektronik werkeln als ein Wesen „leben“ sieht.

„Ich habe Dinge gesehen, die ihr Menschen niemals glauben würdet. Gigantische Schiffe, die brannten, draußen vor der Schulter des Orion. Ich sah C-Beams, glitzernd im Dunkeln, nahe dem Tannhäuser Tor. Alle diese Momente werden verloren sein…“

*Replikant in Ridley Scotts „Blade Runner“*

# 7. Im Kreis geflogen oder zurück in die Zukunft?

Die Sonne steht tief über der Elbe, dem stolzen Nordbach, es ist Frühling. Neben mir eine bezaubernde Fürstin der Anmut, leuchtender, blasser Schimmer der Haut, Wonnen der Sehnsucht drängen mich, die Liebeswehen mit dem Perlenglanz dieser Lippen zu stillen. Still ergehen wir uns im Sonnenuntergang, mit leiser Stimme weist die Fee auf den silbrigen Glanz des Wassers hin, aber anstatt den Mund zu halten oder einen Moment nachzufühlen, meinetwegen auch einen dummen Scherz zu machen, grunze ich: „Ja, stimmt, wie flüssiges Quecksilber.“ Das war's dann mit der trauten Zweisamkeit, und ich weiß in diesem Moment, dass die Technologie meine Wahrnehmung zu sehr erfasst hat und ich meine Reise beenden muss. Schluss!

Was bleibt am Ende? Viele Antworten und einige neue Fragen. Wer will schon einen Verbrennungsmotor im Auto, der nur genauso stark ist wie man selbst? Nein, das Aggregat soll stärker und vor allem zuverlässiger sein. Und wer möchte einen Rechner haben, der so denkt wie man selbst? Tja, seltsamerweise gibt es sie, die Propheten der Kopie des menschlichen Hirns. Und das, obwohl man nie sicher sein könnte, ob die Kiste intelligent oder nur kaputt ist. Denken ist immer stimmungsabhängig und Maschinen mit emotionalen Befindlichkeiten dürften nach einiger

Zeit gewaltig nerven. Viele Formen bisher umgesetzter Künstlicher Intelligenz sind deshalb so enttäuschend, weil man mit den flexiblen Maßstäben menschlicher Intelligenz an sie herangeht.

Heute prüft vor allem die europäische Riege der KI recht genau, was zur Erschaffung von Artefakten notwendig ist, die Aufgaben intelligent erfüllen sollen. Die vermeintliche Krönung des menschlichen Wesens, seine Schlauheit, bestimmt sein Verhalten doch ohnehin nur zu einem kleinen Teil. Also: Einen Menschen in seiner verwirrten und verwirrenden Komplexität vollständig nachzubauen ist völlig irrelevant für die Frage nach Künstlicher Intelligenz. Ob in Mensch oder Ameise: Natürliche Intelligenz ist an die Existenz eines Körpers gebunden, sie entsteht aber nicht nur aus diesem heraus, sondern ist von dessen Interaktion mit der Umwelt abhängig. Darum ist moderne KI heute oft Forschung mit Robotern, die nicht menschenähnlich sein, sondern eine Disposition zur Intelligenz mitbringen und sich sozial organisieren können müssen. Intelligenz ist ohne sozialen Kontakt nicht möglich. Die These der Neuen KI ist, dass Künstliche Intelligenz nur dann zu erschaffen ist, wenn diese evolutionären Vorgänge berücksichtigt werden.

Einfach aufgebaute, einzelne Verhaltensweisen sollen miteinander kombiniert werden und so langsam den Weg zu komplexem Verhalten ebnen. Aber schon die Kombination weniger dieser elementaren Verhaltensweisen stürzt die Roboter zurzeit noch ins Chaos. Das Hauptproblem ist der fehlende theoretische Unterbau für die Architektur derartiger Roboter. Dieser kann auch nicht aus der Biologie übernommen werden, weil keiner so genau weiß, wie eine Ameise ihren Alltag so sicher bestreitet, obwohl sie ein vergleichsweise kleines und rechenschwaches Hirn besitzt. Schon auf der niedrigen Ebene der autonomen Bewegung in sich ändernden Umwelten ist dieses Tier allen Rechenkapazitäten der Welt hoffnungslos überlegen.

Die Techniker, die schon beim Nachbau des Verhaltens von solchen scheinbar primitiven Tieren an Grenzen stoßen, sehen die aufgeregte Diskussion um die Kopie des Menschen, um Intelligenz und Bewusstsein und die digitalisierte Unsterblichkeit aus diesem Grund als rundweg obsolet an. Für sie ist der Raum der dabei zu berücksichtigenden Parameter schlichtweg zu groß, unendlich groß. Die Forscher und Theoretiker in den Werkstätten und Laboratorien der kontinentalen KI distanzieren sich deshalb vorsichtig, aber bestimmt von den Ideen der „Ersetzbarkeit des Menschen". Sie leiden darunter, dass gerade in der Robotik durchgängig ein Vokabular benutzt wird, welches den autonomen Maschinen Intentionen bei ihren programmierten Amtshandlungen zuschreibt. Aus diesem Grund weisen sie gebetsmühlenartig darauf hin, dass in ihren Produkten komplexe Vorgänge der Informationsverarbeitung ablaufen – nicht mehr, nicht weniger. Sie wissen von der Kraft der semantischen Nivellierung und sehen daher einen Teil ihrer Aufgabe darin, trennscharf zwischen genuin menschlichen Eigenschaften auf der einen und künstlichen Funktionen auf der anderen Seite zu unterscheiden. Kurzum: Auf absehbare Zeit, so ihre Ansicht, müssen selbst kluge Roboter ausschließlich als Maschinen angesehen werden.

Gleichzeitig können Computersysteme heute Aufgaben lösen, die lange dem Bereich intelligenter Wesen vorbehalten waren. Maschinen können viele Tätigkeiten besser, schneller und effektiver bewerkstelligen. Das Landessystem eines Passagierflugzeugs ist ein anschauliches Beispiel dafür. Schon heute sind Computer durchaus in der Lage, Menschen zweifeln zu lassen, ob dort eine technische oder nicht doch eine menschliche Einheit arbeitet.

Das führt direkt zum Urparadigma der Künstlichen Intelligenz, dem Turing-Test. Die Diskussion, ob es ausreicht einen Menschen darüber zu „täuschen", dass ein anderer Mensch vor ihm sitzt, oder ob nur ein Mensch wirklich Intelligenz im Sinne von „Verständnis" besitzt, diese Diskussion ist müßig. Die dahinter stehende Frage ist, ob man Begriffe wie „Denken" und „Bewusstsein" überhaupt auf Maschinen anwenden darf. Sicherlich, das Rumschieben von Nullen und Einsen ist garantiert nicht das, was wir machen, wenn wir „denken", gleichwohl sind wir viel zu output- und metaphernbegeistert, als dass wir uns nachhaltig davor schützen könnten, das schnelle Werkeln einer Elektroeinheit als Denkvorgang zu bezeichnen. Es ist vertrackt: Chips tun nur auf sehr allgemeiner Ebene das, was mit den biologischen Vorgängen in Tier und Mensch deckungsgleich ist: Beide senden elektrische Impulse. Gleichwohl kann man sich der Zuschreibung kaum erwehren, dass die Maschine „denkt" – eine Tendenz, die sich fortsetzen wird. Es ist daher eine spannende Frage, welche Begriffe zukünftige Generationen zur Beschreibung von internen Zuständen nichtbiologischer Wesen verwenden werden. Im Falle außerirdischer Intelligenz wäre man wahrscheinlich eher dazu bereit Kontakt zu den fremden Autoritäten aufzunehmen. Warum also nicht auch hier rufen: „Seid freundlich zu den Maschinen!"? Gerne, wenn es zugleich schallt: „Seid freundlich zu den Menschen!"

Mit der fortschreitenden Dominanz einer reduktionistischen Wissenschaft und den soziokulturellen Auswirkungen der Technik versinkt die einst so glorreiche Insel des Humanismus im Meer aus Silikon. Und allen, die noch mit ihrer Fahne auf dieser Insel stehen, müssen sich anhören, dass sie nur die Besonderheit des Menschen verteidigen wollen. Dies ist dort als Vorwurf gemeint, wo sich der Mensch über andere Wesen so sehr erhebt, dass er darüber seine Abhängigkeit vom natürlichen Reigen und seine ethischen Bindungen vergisst. Und das tut er oft. Die Frage ist nun, ob die Evolution der KI dazu beiträgt, den Menschen auf ein gesundes Maß zurechtzustutzen oder aber den humanimmanenten Größenwahn und seine Zerstörungswut fördert. Die Antwort ist klar: KI kann – wie jedes andere Instrument in den Händen des Menschen auch – dazu genutzt werden dem Nachbarn das Leben schwer zu machen. Oder aber mit ihm zusammen den Müll zu trennen.

Es wird von jeher als wissenschaftlich und ethisch problembehaftet angesehen, den Menschen als (elektronische) Maschine zu betrachten. Wenn es überhaupt eine Botschaft zwischen diesen vielen Zeilen gibt, dann ist es genau diese: Wir sind keine Maschinen, wir sind keine informationsverarbeitenden Systeme, wir haben keinen Parallelcomputer im Kopf. Nein, wir sind eher sprießende Blätter an knorrigen Bäumen, deren Wurzeln in den ewigen Jagdgründen erden, Hupfdohlen im göttlichen Ballett, Ton der ewigen Stille, Quantenpäckchen des letzten Atoms, allerhöchstens Vorboten der Liebe, vielleicht aber auch nur das Sackjukken des berauschten Dionysos oder ein langer Rülpser des kosmischen Rübezahl. Genug der sinnstiftenden Bilder?

Es ist fraglich, ob die Maschinenmetapher, die den Menschen zur Mechanik erklärt, einen Beitrag dazu und zur besseren sozial-ökologischen Verträglichkeit der Spezies Homo sapiens für den Planeten schafft. Einen Trost gibt es: unsere Herkunft aus den Savannen. Es ist ein beliebter Fehler der kulturell-technischen Pioniere, die ewig währende Konstante des Ursprungs der menschlicher Zivilisation nicht zu berücksichtigen. Mit einem Teil unseres Selbst sind wir immer Wilde, die sich am Feuer wärmen. Es ist vermutet worden, dass der Teil der KI-Forschung, der sich der totalen Abnabelung des Menschen aus diesem Zusammenhang widmet, nur eine weitere Zivilisationskrankheit ist. Selbst wenn man dies so sieht, muss zugegeben werden, dass in ihr zugleich auch das Potential steckt, mit Hilfe der Technik den Menschen besser zu verstehen.

Die KI hat heute einiges von ihrer ursprünglichen magischen Aufladung verloren, die Lösung technischer Alltagsprobleme steht im Vordergrund. Zugleich gewinnt sie aber durch neue Mythen, wie denen der „Vernetzung“, des „Informationszeitalters“ und der „Nanotechnologie“ neue Energie. Die Aufregung um das Schlagwort KI ist dort besonders groß, wo sich eine Wissenschaft aufschwingt, den Menschen anhand technischer Metaphern zunächst in seiner Ganzheit beschreiben und dann nachbauen zu wollen. Das Fatale an dieser Perspektive ist die Beschränkung des Menschseins auf das objektiv Messbare.

Wollen wir uns als Maschinen deuten? Es geht bei der Antwort auf diese Frage eben nicht darum, ob es uns widerstrebt, nur weil wir mehr sein wollen. Im Kern geht es darum, was das Bild des Menschen als Uhrwerk impliziert. Nun, glaubt man der humanistischen Schule, dann legt es die Interpretation als kausal funktionierender Plan nah, beinhaltet eine weitere Effektivierung des Menschen. Dieses Argument ist sicher nicht ganz von der Hand zu weisen, denn die Maschine, das ist die Gegenstand gewordene Idee der Kausalität, die zum Zahnrad oder Chip gewordene Garantie auf Trivialität. Sie ist der Inbegriff der Sehnsucht nach Gewissheit und Sicherheit und impliziert das mehrfach erwähnte Prinzip von Input – Operation – Output. Das Problem dabei? Damit wird der Raum für Intuitionen und Überraschungen streng eingeengt, eventuell sogar so weit, dass schließlich kein Platz mehr für fruchtbares Chaos und den Respekt vor den Wundern der Natur bleibt. Tief im Menschen hockt anscheinend ein kleiner Dämon, der jedwede Unberechenbarkeit in die Zwangsjack der Ordnung stecken will. Das mag für den Bau von Robotern zur Kanalreinigung sinnig sein, unternimmt man aber eine allzu hemmungslose Übertragung auf das Wesen des Menschen, dann, so die Angst, kann es nur noch ein kleiner Schritt zu einer autoritärhierarchischen Betrachtung der Welt sein, in der alles und alle wie Geräte funktionieren (müssen). Und es geht noch weiter: Wenn der Mensch wie eine Maschine funktionieren muss, dann wird damit auch der Unterschied zwischen heil und kaputt, normal und krank festgelegt. Aber wie schreibt der Schweizer Autor Adolf Muschg so schön: „Krankheit ist die gesunde Reaktion, an der Norm zu verzweifeln." Ohne Mühe lässt sich hier eine unterirdische Verbindung zur Technokratie, der „sachlichen" Herrschaft der Technik, nachweisen; verstanden als eine Tradition, in der die technischen Sachzwänge die Entscheidungen vorgeben.

Wohl wahr, Kritik gegen Technik und technische Rationalisierung an sich ist altbacken und hoffnungslos, was aber geleistet werden kann, ist Kritik an der Expansion technischer Leitbilder in alle erdenklichen Bereiche. Auf der anderen Seite ist die Wissenschaft von der KI nur die konsequente Weiterentwicklung der Reproduktion menschlicher Eigenschaften. Trivial gesagt:

Näh- und Bohrmaschinen, Geschirrspüler, aber auch Hörgeräte und andere Implantate ersetzen Humanleistung. Das Unglaubliche und Einschüchternde an dem „Abenteuer Künstliche Intelligenz“ ist nun, dass nicht nur unsere mathematischen Fähigkeiten durch den elektronischen Rechner ersetzbar sind, sondern eben auch andere Eigenarten des Menschen. Aber an welchen werden die Transistoren und optischen Leiter scheitern? Gibt es überhaupt eine technische Grenze der Reproduktionskraft des Rechners?

Was bringt uns zum Lachen? Wenn wir nicht gerade im Schaum der Schadenfreude baden, dann erquicken wir uns an Widersprüchlichkeit und Absurdität. Guter Witz, das ist das abrupte Ende der Logik, wobei der Moment dieser Erkenntnis platzen will, den Weg drängend nach außen sucht. Viel zu Lachen hatte der Mathematiker Kurt Gödel nicht, er litt sein kurzes Leben lang unter dem Wahn, dass sein Essen vergiftet sei. Entspannung brachten ihm die langen Spaziergänge mit Albert Einstein. 1931 beweist Gödel, dass es logische Sätze gibt, die zwar wahr, aber nicht beweisbar sind. Die Arithmetik, das Teilgebiet der Mathematik, welches sich mit Zahlenkombinatorik und Wahrscheinlichkeitsrechnung befasst, ist, so Gödel, unvollständig. Die Mathematik widersetzt sich der vollständigen Mechanisierung in dem Sinne, dass keine Maschine angegeben werden kann, die von jeder Formel eines formalen Systems mittels einer Rechenoperation entscheiden kann, ob diese Formel ein wahrer Satz des Systems ist.

Was kompliziert klingt – und was tatsächlich auch eine unglaubliche Leistung Gödels war – soll hier nur in der Konsequenz interessieren: Das Programm eines Computers kann keine Zeichenkette erzeugen und diese zugleich als Aussage über das Programm interpretieren. Anders formuliert: Symbolverarbeitenden Maschinen, die ein Programm befolgen, ist es nicht möglich eine Unterscheidung zwischen „Aussagen im System“ und „Aussagen über das System“ zu treffen. Rechner können aufgrund ihrer logischen Struktur nicht auf sich selbst schauen. Das ist der

Sprung aus dem System, das Einsehen in die Paradoxie, die uns Menschen gelingt, weil wir lachen können. Oder wir werden verrückt.

Ignorieren Sie diesen Satz! Das ist ein Widerspruch in sich und wir können darüber lachen. Tun wir das nicht, entsteht eine Doppelbindung. „Ich liebe dich, aber ich muss dich jetzt schlagen!", wiederholt man das beispielsweise bei Kindern oft, werden sie geisteskrank. Als sprach- und denkfähige Menschen sind wir imstande, mit derartigen selbstbezüglichen Aussagen umzugehen, weil wir die verschiedenen kommunikativen Ebenen und logischen Typen erkennen und verdammt erpicht darauf sind, sie auseinander zu halten. Das ist sogar Grundbedingung für intelligentes Handeln. Obwohl einem formal-logischem System wie einem Rechner einzelne Metaaussagen dieser Art durchaus implementiert werden können, fehlt ihm doch die generelle Fähigkeit, den Sinn dieser Aussagen zu erkennen. Noch einmal anders formuliert: Egal, mit wie vielen Regeln und Axiomen man so ein formales System füttert, es kann nie generelle (sic!) Aussagen über Sätze treffen, die Aussagen über sich selbst treffen. So bleibt es zu einem Teil immer eingesperrt in sich selbst. Das ist doch ziemlich dumm, oder?

Ein Beispiel? Eine Software soll den folgenden Satz auf seinen Wahrheitsgehalt hin untersuchen: „Dieser Satz ist falsch." Im ersten Schritt wird die Antwort lauten: Der Satz ist falsch, denn das behauptet er ja von sich. Im zweiten Schritt kommt das Programm aber zum entgegengesetzten Ergebnis: Wenn der Satz falsch ist, dann stimmt ja die Aussage, der Satz ist also richtig. Also ist er falsch, also ist er richtig und so weiter. Es entsteht eine unendliche Schleife, bis jemand den Stecker zieht. Es existiert also schon auf der logischen Ebene ein „Weder wahr noch falsch", ein ständiges Oszillieren zwischen zwei Zuständen. Rechner aber können nichts mit Aussagen anfangen, deren Sinn darin besteht, dass sie keinen Sinn haben. Dieser geistige Flip-Flop gelingt dagegen den meisten Menschen mühelos. Sie erkennen die logische Falle, wenden sich lachend ab und springen für einen Moment aus sich heraus. Auf der anderen Seite: Was sagt uns dies tatsächlich über den Rechner? Reicht es für eine vernünftige Kommunikation mit einem solchen System nicht aus, dass dieses mit möglichst vielen Paradoxen dieser Art gefüttert worden ist und dann an den richtigen Stellen lacht?

Vorrangiges Ziel des Daseins ist seit Platon aber nicht der Humor, sondern die Intellektualisierung, und diese wird am ehesten durch formale Methoden gestützt. Ironischerweise fallen die Erfindung der Maschine, welche genau diese formale Methodik auf die Spitze treibt, und der Beweis, dass es Grenzen dieser formalen Methodik gibt, in den gleichen Zeitraum. Der Computer zeichnet uns in dieser Hinsicht deutlich die Grenzen der logisch basierten Erkenntnis auf und weist zugleich darauf hin, dass diese Grenzen trotzdem überschreitbar sind – nur wird er uns dabei nicht begleiten können. In diesem Sinne ist er der letzte und stärkste Außenposten menschlicher Vernunft. In der Sphäre der logisch-rationalen Intelligenz ist der Mensch offenbar auf seinen Meister gestoßen.

Aber ob Searles Argumente der ewigen Bewusstlosigkeit von Computern oder gödelsche Theoreme: Philosophische und selbst mathematische Beweisführungen müssen in die tiefsten Tiefen der Abstraktionen abtauchen, dorthin, wo meist nicht mehr ganz klar ist, welche Begriffe für welche realen Gegenstände stehen; nur um der KI nachzuweisen, dass sie einem vergeblichen Traum hinterherhechelt. Scheitern wird die transhumanoide Splittergruppe der KI eher an ihren völlig überzogenen Vorstellungen, die weit über das hinausgehen, was die Technik in absehbarer Zeit wird leisten können.

Wozu also (Künstliche) Intelligenz? Dies ist die Anfangsfrage, denn die Antwort darauf legt fest, welche Entwicklung in welchem Dienst, welcher Geist später in den Artefakten mitschwingt. Die klassische KI beschränkt sich meist auf technologische Aspekte und tut sich schwer, die gesellschaftlichen und ökologischen Bedürfnisse in den Blick zu nehmen. Die neuere Entwicklung zeigt dagegen, dass sich KI und Robotik zunehmend darüber aufklären, dass ihre Arbeit unser personales und kulturelles Selbstverständnis berührt.

Damit sind wir bei der theoretisch-wissenschaftlichen Basis der KI angelangt. Turings virtueller Papiertiger gilt noch 50 Jahre später als die gültige Formulierung des mathematischen Berechenbarkeitsbegriffs. Schon Turing zeigte allerdings, dass keineswegs alle mathematisch formulierbaren Funktionen auch maschinell berechnet werden können. Seit Turing kennen wir die harten Grenzen der Berechenbarkeit. Zugleich erkennen wir in dem genialen Mathematiker den Typus des ehernen Rationalisten, der mit dem (maschinellen) Verstand nicht nur die letzten Gründe des Denkens, sondern auch die letzten Gründe des Daseins entschlüsseln will. Aber steckt nicht hinter jedem Wissen ein Glauben? Seit den frühen mechanischen Erfindungen und mathematischen Kalkülen sehen immer wieder einige Menschen in der todlosen Welt der Abstraktionen die Chance auf materialisierte Unsterblichkeit. Aber je göttlicher und erhabener ihre Träume sind, desto abhängiger machen sie sich zugleich von der Technik.

Das logische Scheitern der Formalisierung hat in der KI lange Zeit keineswegs dazu geführt, bei künftigen Mechanisierungsversuchen des Geistes mehr Vorsicht walten zu lassen – im Gegenteil. Die Symbolsystem-Hypothese besteht darauf, dass die Verarbeitung von Symbolen eine hinreichende Bedingung für Intelligenz ist, egal, ob diese Symbole in einem Schweizer Käse oder einem PC ablaufen. Und Herbert Simon pocht noch heute darauf: „Intelligence is mind implemented by any patternable kind of matter." Folgerichtig hat die KI ihre größten Erfolge dort, wo in genau strukturierten Aktionsfeldern Regeln sinnvoll angewendet werden können. Dies ist dort der Fall, wo das erforderliche Wissen objektivierbar ist, zudem nur eine begrenzte Zahl von Objekten existiert und deren Beziehungen untereinander genau geklärt sind: Schach war nicht umsonst lange die Vorzeigedisziplin der KI. Dort aber, wo Aktionsfelder offen strukturiert und die Sachverhalte eine implizite, erst aus der Situation ersichtliche

Bedeutung haben, verbucht die KI noch heute hartnäckige Fehlschläge.

Bezeichnend, dass viele KI-Forscher am Ende ihrer Laufbahn neue Einsichten äußern. So resümiert Hilary Putnam, Wissenschaftstheoretiker der KI: „Ich bestreite nicht, dass die Logik wichtig ist. Ich neige jedoch zu der Auffassung, dass sie eher ein Randgebiet der Philosophie und ein Versuch ist, dem wirklichen Problem aus dem Weg zu gehen: eine verständige und menschliche Beschreibung der Reichweite der Vernunft zu geben." Einer der weltweiten Kapazitäten auf dem Gebiet der Expertensysteme, William J. Clancey, gibt zu verstehen: „Heute glaube ich, dass der beste Weg für einen Fortschritt in der KI-Forschung das Verständnis der Unterschiede zwischen Menschen und Computerprogrammen ist." Jaron Lanier, der seinem 3D-Trip den Namen „virtuelle Realität" gab, nennt drei einfache Regeln gegen die suggestive Kraft der Maschinen. Er schlägt vor, Computer immer nur als fantastisches Leitungsrohr anzusehen, das Leute zusammenführt, Informationen nie so zu behandeln, als wären sie ohne die Sinngebung durch Menschen real, und nie zu glauben, dass Software-Modelle Menschen repräsentieren könnten. Klar ist am Ende, dass in der KI-Diskussion eine Teilantwort auf die ewige Frage steckt, was das Menschsein wohl so ausmacht. Dies wird ewig dazu verleiten, Künstliche Intelligenz mit dem Nachbau des Menschen zu verbinden.

Das Können vieler renommierter KI-Forscher ist eher Kunst als Wissenschaft, es geht ihnen um die Schöpfung von Artefakten. Ob sie rechnen, watscheln oder fliegen sollen: Zunächst müssen die schlauen Roboter erst einmal funktionieren – und wer in die Laboratorien der KI schaut, der muss feststellen, dass Roboter meistens kaputt sind. Zur Reflexion ihrer Einbindung in gesamtgesellschaftliche Zusammenhänge bleibt der KI wenig Zeit. Geniale Lust oder Größenwahn, wer kann das unterscheiden? Ihr künstlerisch anspruchvollstes Projekt ist nach wie vor die Reproduktion des Menschen. Die beschriebenen, damit zusammenhängenden Gefahren der Dehumanisierung sind die eine Seite, die andere Seite ist die Chance auf die Erweiterung der menschlichen Lebenswelt und ein weiteres Stück Selbsterkenntnis. So wird es für die einen ewige Befürchtung, für die anderen immer währende Hoffnung sein, dass Künstliche Intelligenz an natürlicher Dummheit scheitert.

# Literatur


Agre, Philip E.: Toward a Critical Technical Practice, Lessons Learned in Trying to Reform AI. http://dlis.gseis.ucla.edu/pagre

Asimov, Isaac: Robot Dreams. New York 1986.

Aurich, Rolf; Jacobsen, Wolfgang; Jatho, Gabriele (Hrsg.): Künstliche Menschen, Manische Maschinen, Kontrollierte Körper, Berlin 2000.

Bateson, Gregory: Ökologie des Geistes. Frankfurt a. M. 1985.Bredenfeld, Ansgar: Behavior Engineering for Robot Teams, in: Autonomous Minirobots for Research and Edutainment (AMiRE 2001), Paderborn 2001.

Böhme, Hartmut: Natur und Subjekt, Frankfurt a. M. 1988.

Böhme, Hartmut: Kulturgeschichte der Technik. Online unter http://www.culture.hu-berlin.de/HB

Böhme, Hartmut: Von der Himmelsmaschine zum Cyberspace. Online unter http://www.culture.hu-berlin.de/HB

Braitenberg, Valentino: Vehicles: Experiments in synthetic psychology. Cambridge (MA) 1984.

Brooks, Rodney: Embodied Intelligence. Cambridge (MA) 1999.

Brooks, Rodney: Menschmaschinen. Wie uns die Zukunftstechnologien neu erschaffen, Frankfurt a. M. 2002.

Brödner, Peter: Der überlistete Odysseus. Über das zerrüttete Verhältnis von Menschen und Maschinen, Berlin 1997.

Brown, Fredric: Answer, in: Angels and Spaceships, Dutton 1954.

Bühl, Achim: CyberSociety. Mythos und Realität der Informationsgesellschaft, Köln 1996.

Butler, Samuel: Erewhon, London 1985.

Capek, Karel: R. U. R., New York 1973.

Capek, Karel: Werstands Universal Robots. Utopisches Kollektivdrama in drei Aufzügen Leipzig 1922.

Chapman, David: Vision, Instruction and Action, MIT-Press 1991.

Chomsky, Noam: Syntactic Structures, The Haque 1957.

Christaller, Thomas, u. a.: Robotik. Perspektiven für menschliches Handeln in der zukünftigen Gesellschaft, Berlin 2001.
Christaller, Thomas: Intelligenz ist ein soziales Phänomen, in: GMD Pointer, März 1998.
Cohen, John: Golem und Roboter. Über künstliche Menschen, Frankfurt a. M. 1968.
Cooper, David G.; Laing, Ronald D.: Vernunft und Gewalt. Drei Kommentare zu Sartres Philosophie 1950–1960, Frankfurt a. M. 1971.
Coy, Wolfgang: Das digitale Abbild und seine Grenzen. Vortrag am 17. 03. 2000, Jahrestagung der Gesellschaft für Arbeitswissenschaft (GfA), TU Berlin. Online unter http://waste. informatik. hu-berlin.de/Coy
Cruse, Holk; Dean, Jeffrey; Ritter, Helge: Die Entdeckung der Intelligenz oder Können Ameisen denken? Intelligenz bei Tieren und Maschinen, München 2001.
Damasio, Antonio R.: Ich fühle, also bin ich, München 2000.
Damasio, Antonio R.: Interview in „Bild der Wissenschaft“, 3/2001.
Davis, Erik: Techgnosis, New York 1998.
Dery, Mark: Cyber. Die Kultur der Zukunft, Berlin 1996.
Dreyfus, Hubert: Die Grenzen der künstlichen Intelligenz. Was Computer nicht können, Königstein 1985.
Drux, Rudolf (Hrsg.): Die Geschöpfe des Prometheus. Der künstliche Mensch von der Antike bis zur Gegenwart, Bielefeld 1994.
Drux, Rudolf (Hrsg.): Menschen aus Menschenhand: zur Geschichte der Androiden. Texte von Homer bis Asimov, Stuttgart 1988.
Enzensberger, Hans-Magnus: Das digitale Evangelium, in: Der Spiegel 2/2000.
Friedel, Frederic A.; Steinweder, Dieter: Schach am PC, Haar 1995.
Friedell, Egon: Kulturgeschichte der Neuzeit. 2 Bände, München 1976.
Gendolla, Peter: Die lebenden Maschinen, Marburg/Lahn 1980.
Gevarter, William B.: Einführung in die Künstliche Intelligenz und Robotik, Weinheim 1987.

Ginsburg, Matt: Essentials of Artificial Intelligence, San Mateo 1993.
Görz, Günther: Handbuch der Künstlichen Intelligenz, München 2000.
Golecki, Reinhard: Können Computer denken?, Hrsg. von der Behörde für Schule, Jugend und Berufsbildung der Freien und Hansestadt Hamburg, Hamburg 1994.
Goller, Hans: Hirnforschung und Menschenbild, in: Stimmen der Zeit 218, September 2000.
Haraway, Donna: Die Neuerfindung der Natur. Primaten, Cyborgs und Frauen, Frankfurt a. M. 1995.
Hodges, Andrew: Alan Turing. Enigma, Wien, New York 1994.
Joerges, Bernward (Hrsg.): Technik. Körper der Gesellschaft, Frankfurt a. M. 1996.
Joy, Bill: Warum uns die Zukunft nicht braucht, in: FAZ v. 6. 6. 2000. Original in: Wired v. 8. 4. 2000.
Kant, Immanuel: Die drei Kritiken. Frankfurt a. M. 1995.
Kant, Immanuel; Vorländer, Karl (Hrsg.): Anthropologie in pragmatischer Hinsicht (1798), Hamburg 1980.
Kurzweil, Ray: Homo S@piens. Was bleibt vom Menschen?, Köln 1999.
La Mettrie, Julien Offray de: Der Mensch eine Maschine, übers. von A. Ritter, Leipzig 1875, in: Völker, Klaus: Künstliche Menschen, München 1976.
Leinster, Murray: Ein Computer namens Joe, in: Werner Heilmann (Hrsg.): Online. Erzählungen von Angeklickten und Abgestürzten, von Computern und Computerfreaks, von Internet und Cyberspace, München 1997.
MacBride, Allen Roger: Isaac Asimov's Utopia, London 1996.
Mainzer, Klaus: Komplexe Systeme, intelligente Computer und Selbstorganisation, in: Telepolis v. 2. 8. 1997, (www.heise.de/tp).
McCorduck, P.: Machines Who Think, San Francisco 1979.
Minsky, Marvin: Alles ist mechanisierbar. Ein Gespräch mit Florian Rötzer, in: Rötzer, Florian; Weibel, Peter (Hrsg): Cyberspace. Zum medialen Gesamtkunstwerk, München 1993, S. 127–132.

Minsky, Marvin: Mentopolis, Stuttgart 1990.
Moravec, Hans: „Simulation, Consciousness, Existence", veröffentlicht unter http://www.frc.ri.cmu.edu/~hpm
Moravec, Hans: Computer übernehmen die Macht. Vom Siegeszug der Künstlichen Intelligenz, Hamburg 1999.
Moravec, Hans: Mind Children. Der Wettlauf zwischen menschlicher und Künstlicher Intelligenz, Hamburg 1990.
Penrose, Roger: Computerdenken. Des Kaisers neue Kleider oder Die Debatte um Künstliche Intelligenz, Bewußtsein und die Gesetze der Physik, Hamburg 1989.
Pfeifer, Rolf: Das Geheimnis der Intelligenz liegt nicht im Gehirn, in: Telepolis v. 27. 01. 2000, (www.heise.de/tp).
Pfeifer, Rolf; Scheier, Christian: Understanding Intelligence, Cambridge 1999.
Putnam, Hilary: Vernunft, Wahrheit und Geschichte, Frankfurt a. M. 1982.
Randow, Gero von: Roboter. Unsere nächsten Verwandten, Hamburg 1997.
Rheingold, Howard: Virtuelle Welten. Reisen im Cyberspace, Hamburg 1996.
Roth, Gerhard: Der Computer soll sich nichts denken, in: Pointer Nr. 2, 1998, Hrsg. vom GMD, online unter www.gmd.de/pointer
Roth, Gerhard: Fühlen, Denken, Handeln. Wie das Gehirn unser Verhalten steuert, Frankfurt a. M. 2002.
Rötzer, Florian: Unsterblichkeit und Körperverbesserungen, in: WechselWirkung 103/104.
Schneider, Martin: Das mechanistische Denken in der Kontroverse. Descartes' Beitrag zum Geist-Maschine-Problem, Stuttgart 1993.
Scholem, Gershom: Die Vorstellung vom Golem in ihren tellurischen und magischen Beziehungen, in ders.: Zur Kabbala und ihrer Symbolik, Frankfurt a.M. 1998.
Schodt, Frederik L.: Inside the Robot Kingdom. Japan, Mechatronics and the Coming Robotopia, Tokio 1988.

Searle, John R.: Intentionalität. Eine Abhandlung zur Philosophie des Geistes, Frankfurt a. M. 1996.
Searle, John R.: Geist, Sprache und Gesellschaft. Philosophie in der wirklichen Welt, Frankfurt a. M. 2001.
Sesink, Werner: Menschliche und künstliche Intelligenz. Der kleine Unterschied, Stuttgart 1993.
Sieferle, Rolf Peter: Fortschrittsfeinde? Opposition gegen Technik und Industrie von der Romantik bis zur Gegenwart, München 1984.
Sloterdijk, Peter: Sphären I. Frankfurt a. M. 1999.
Sloterdijk, Peter: Sphären II. Frankfurt a. M. 1999.
Stonier, Tom: Beyond information – the natural history of intelligence. London 1992.
Störig, Hans Joachim: Kleine Weltgeschichte der Philosophie. 13. Aufl., Frankfurt a. M. 1987.
Taylor, Frederick Winslow: The principles of scientific management, New York 1911.
Turing, Alan M.: Kann eine Maschine denken?, in: Zimmerli/Wolf 1994, Original unter dem Titel „Computing Machinery and Intelligence“, in: Mind 59 (1950), S. 433–460.
VDI: Robotik 2000. VDI-Berichte 1552, Düsseldorf 2000.
Völker, Klaus (Hrsg.): Künstliche Menschen – über Golems, Homunkuli, Androiden und lebende Statuen, München 1971.
Weizenbaum, Joseph: Die Macht der Computer und die Ohnmacht der Vernunft. Frankfurt a. M. 1977.
Wilber, Ken: Das Spektrum des Bewusstseins, Bern, München, Wien 1987.
Winograd, Terry; Flores, Fernando: Erkenntnis. Maschinen. Verstehen, Berlin 1989.
Winston, Patrick: Artificial Intelligence, Wokingham 1992.
Woesler de Panafieu, Christine: Das Konzept von Weiblichkeit als Natur- und Maschinenkörper, in: Schaeffer-Hegel, Barbara; Wartmann, Brigitte (Hrsg.): Mythos Frau. Projektionen und Inszenierungen im Patriarchat, Berlin 1984.

Zimmerli, Walther Ch.; Wolf, Stefan, (Hrsg.): Künstliche Intelligenz. Philosophische Probleme, Stuttgart 1994.
Zweig, Arnold: Der Golem, in: Die Schaubühne, Nr. 10, 11. 3. 1915.

# Bücher von discorsi

Ricardo Díez-Hochleitner, Andreas Harbig (Hrsg.)

**Auswege in die Zukunft**

Fakten und Positionen zur Welt.
Impulse vom Global Dialogue der EXPO 2000
184 Seiten, Leinen, gebunden, € 20,-
ISBN:3-9807330-3-3

Zehn große, mit internationalen Experten besetzte Foren begleiteten die EXPO 2000 in Hannover. Der Band enthält ausgewählte Diskussionsbeiträge des „Global Dialogue" u. a. von György Konrád, Ruud Lubbers, Richard Schröder, Bassam Tibi, Jakob von Uexkull und Fritz Vahrenholt.

**www.discorsi.de**

Boutros Boutros-Ghali

**Wider die Tyrannei der Dringlichkeit**

Die Agenden für Frieden, Entwicklung und Demokratisierung
236 Seiten, inkl. Register, Broschur
(Print on Demand), € 18,-
ISBN:3-9807330-1-7

Das Buch enthält die programmatischen Werke des früheren UNO-Generalsekretärs, darunter – erstmals in deutscher Übersetzung – die „Agenda für Demokratisierung", in der Boutros-Ghali die Demokratisierung der internationalen Politik fordert.

discorsi Verlag und Medienproduktion
Postfach 20 31 25, 20221 Hamburg